L'ÉPOQUE ACTUELLE

L'HÉRÉDITÉ

EST LE SALUT DU PEUPLE

SUIVI D'UNE RÉPONSE A M. ODILON-BARROT

Paris. — Imprimerie de J.-B. Gros, rue du Foin-Saint-Jacques, 18.

L'ÉPOQUE ACTUELLE

L'HÉRÉDITÉ

EST

LE SALUT DU PEUPLE

SUIVI

D'UNE RÉPONSE A M. ODILON - BARROT

PAR

M. LE Vte LE SERREC DE KERVILY

PARIS,

CHEZ CHARLES MICOLCI, ÉDITEUR,
54, quaî des Orfèvres.

1849

L'ÉPOQUE ACTUELLE.

PREMIÈRE PARTIE.

DE L'ÉTAT ACTUEL DE LA SOCIÉTÉ.

J'ENTRE brusquement en matière en demandant si c'est bien de la constitution future et de la forme apparente du gouvernement que la France est actuellement le plus en souci? Non! regardant son avenir avec des yeux inquiets et une physionomie douloureusement tendue par l'interrogation du doute et de l'incertitude, attristée de sinistres pressentiments, elle ne se rassure pas à la nouvelle de ces solutions prochaines, elle persiste dans son anxiété fébrile, dans sa *déconfiance*, et elle a raison.

Tout a été déjà essayé dans son sein en fait de constitutions et de formes gouvernementales, sans que le bien-être et le bonheur, toujours amplement promis la veille, lui aient été donnés le lendemain, et, bien que ne sachant pas encore quelle sera la for-

mule de son salut, elle paraît sentir enfin, que des
chartes, des constitutions, des déclarations de droit,
ne sont que des abstractions vaines, si l'on n'en a les
principes au cœur et si elles ne sont pratiquées dans
ce qu'elles ont d'imprescriptiblement bon ; que de
déplorables mots de ralliement pour les agitateurs, les
méchants citoyens, dans ce qu'elles ont de sophistique, d'essentiellement faux ou irréalisable. Elle sent
et avec humiliation pour sa sagacité tardive, qu'elle
est dupe de tous ces audacieux charlatans à qui elle
permet, pourvu qu'ils intitulent leur *orviétan* « *bonheur démocratique,* » de bouleverser périodiquement
l'État, de jouer avec le bien-être et la vraie liberté du
peuple et d'expérimenter sur lui les utopies les plus
folles, impitoyablement, impudemment, comme les
médecins expérimentent un remède nouveau et dou-
teux *in animâ vili.* Elle sent que le mouvement de la
société doit être général, porté en avant et non se
retournant sur lui-même pour consommer le suicide
de la nation par les mains d'une partie des citoyens
hideusement surexcités contre les autres ; que le véritable progrès social est aussi celui de l'humanité et
que, par conséquent, il ne saurait consister dans la
réalisation (à supposer qu'elle fût possible) de ces
sociétés imaginaires, édifiées à l'équerre et au
compas, réduites aux dimensions des petites imaginations de leurs petits organisateurs, et dans

lesquelles ne pourrait être renfermée la société
existante que par dislocation ou par étranglement,
et elle doit en conclure ; que c'est de l'État actuel
qu'il faut partir non pour détruire, mais pour
améliorer, pour faire avancer la société entière, sans
catégorie envieuse ou enviée, vers ses destinées futures, dans toute la force, l'ampleur de son mouvement
dans toute la liberté et la variété de ses modes.

Et en effet, tout progrès véritable doit être dans les
idées et les mœurs, dans les désirs généraux au
moins, avant d'être dans la loi ; sans cela, celle-ci
est tout à la fois odieuse et impuissante. Imposer à une nation des formes sociales ou politiques
qui ne lui conviennent pas, qui lui sont antipathiques ;
la surexciter par des idées pour lesquelles elle n'est
pas mûre et la contraindre aux institutions qu'elles
exigent ; c'est l'outrager, c'est user à son égard
d'un despotisme effronté, et c'est essentiellement
lui nuire, quelque bonnes même que puissent être
ces formes chez d'autres peuples ou quelque justes
qu'elles puissent sembler à ne les considérer qu'abstractivement ; car il n'y a pas de bonté absolue
pour les institutions humaines ; elle est nécessairement en rapport avec l'avantage et la possibilité de
l'application ; c'est toujours dans les vêtements
spécialement adaptés à leur taille, à leurs habitudes,
à leur âge, que les nations, comme les individus, se

meuvent avec le plus d'aisance et de vigueur.

De plus, des cadres d'institutions libérales, même calquées exactement sur l'état général des mœurs et des propensions, ne sauraient être efficaces que remplis par de pures et belles incarnations de ces mœurs, par des apôtres sincères et résolus à agir invariablement dans le sens de leurs convictions; car, sous peine d'anarchie, le pouvoir doit avoir de puissants moyens d'ascendant et d'action sur les administrés, et il n'y a que la moralité et le civisme dans ses dépositaires qui puissent diriger cet ascendant et l'empêcher de dégénérer en oppression. Vous n'obtiendrez jamais cela de simples combinaisons politiques et de contre-balancement d'intérêts quelconques, et voilà l'erreur fondamentale des législateurs modernes qui a rendu leur œuvre périssable; ils ont cru pouvoir bâtir leur édifice public avec les seuls intérêts sans le concours de la morale, qui est cependant l'unique base inébranlable et l'unique ciment solide des sociétés.

Le jour où la nation aura fait corps avec ces vérités capitales, le jour où elle renoncera définitivement à la sottise impie de laisser des nains à cerveau malade essayer d'intercaler leur œuvre ridicule dans l'œuvre de Dieu, qui est la grande humanité, ce jour sera celui de sa libération véritable, celui de sa marche majestueuse et irrésistible vers des destinées bénies et incessamment ascensionnelles.

Oui, l'oubli de la morale dans les principes, l'affranchissement de la moralité dans les actes, voilà notre crime à tous tant que nous sommes, enfants hauts ou bas, privilégiés ou disgraciés, riches ou pauvres, des incrédules et des athées du dix-huitième siècle; voilà le crime que nous paraissons n'avoir pas encore suffisamment expié par soixante ans de révolutions, de massacres et de discordes; le crime qui pèse comme du plomb sur nos têtes et sous le fardeau duquel nous nous agitons et nous nous entre-tuons, recherchant vainement le bonheur et la paix de révolte en révolte.

Oh! mes compatriotes! que l'héritage de ce siècle démolisseur, qui n'a cherché que dans les décombres les parcelles d'or qu'il nous a léguées, nous est rude encore aujourd'hui à trier et à épurer de son alliage! et combien au résultat doit-il tromper notre espoir! combien de grandes, d'irréparables ruines pour quelques salutaires principes! combien de sécheresse au cœur pour quelque rectification dans l'esprit! Oui, des préjugés ont été effacés, mais c'est au prix de toutes les bonnes croyances; le fanatisme a disparu, mais c'est avec toutes les passions fortes; l'absolutisme est tombé, mais c'est avec les vastes projets, la ferme volonté et les moyens d'exécution des grandes choses; les chaînes de l'intelligence ont été brisées ou écartées, mais elles ont emporté avec elles tous les freins salutaires; des idoles de mensonge ont été abattues, des respects excessifs et absurdes se sont évanouis; mais maintenant que vénérons-nous? que n'avons-nous pas foulé, que ne foulerions-nous pas sous nos pieds?

Et moi qui aime véritablement le peuple, puisqu'avec le cœur plein de ses douleurs et une âme dévouée à son bien, je ne le flatte ni ne veux lui cacher ses fautes et ses erreurs immenses, souvent hideuses, c'est ce dix-huitième siècle que je maudis, que je l'exhorte à maudire avec moi; car il est la fatale date de ses malheurs, ou du moins de la perception désastreuse et sans espérance qu'on lui a appris à en avoir. Le navire national était mal construit, mal emménagé; il était mal commandé et l'équipage y souffrait injustement, cruellement parfois; mais, au moins, y avait-il une boussole dont les chefs savaient et auraient pu se servir pour le diriger au port. De misérables ambitieux, sans amour de l'humanité, non plus de celle qui était au dessous que de celle qui était au-dessus d'eux, exploitant les emportements et les animosités de la souffrance, en même temps que l'envieuse vanité de l'ignorance dépravée par de faux éloges, soulevèrent violemment les subordonnés contre les directeurs et les poussèrent dans la rage de leurs colères et l'ivresse de leur enorgueillissement, jusqu'à précipiter dans les flots ces supérieurs et à dévaster, démolir de fond en comble, sans discernement, les places qu'ils avaient occupées. Mais sous ces ruines disparut la boussole ; avec les victimes s'engloutit le secret des voies et des fins traditionnelles, et depuis lors, c'est pitié, profonde pitié, de voir notre pauvre navire portant sa grande masse à l'aventure sur l'océan des âges, s'usant à tourner et retourner violemment sur lui-même sans suivre longtemps et hardiment aucune route ; c'est profonde pitié de voir son malheureux équipage s'agitant, se révoltant, se consumant en impuissants efforts et, dans la fièvre brûlante de ses misères, dans son ardente soif de reconfort et de rétablissement, prêtant l'oreille à toute perfide promesse de salut et bâtissant de ses mains frémissantes, avec l'activité d'une impatience inouïe, le trône de ces faux sauveurs dont il n'est que le soldat bientôt désillusionné, sinon dédaigné et opprimé après la victoire. Et, à chaque nouvelle épreuve manquée, quel accablement ! quel désespoir ! Oh ! vous qui pouvez spéculer sur les tortures du peuple pour votre fortune particulière, que vous êtes infâmes ! et vous qui lui faites si légèrement servir d'instrument et de sujet d'essai à vos systèmes déraisonnables, que vous êtes barbares !

Parmi tant de publications qui nous poussent au combat, qui toutes basent leurs systèmes sur des proscriptions, des excitations à la haine ou au mépris de catégories de citoyens, qui nous indisposent et nous soulèvent les uns contre les autres, où trouver donc un principe de ralliement qui nous tranquillise, nous apaise et nous permette de marcher en masse au bonheur? Je l'ai vainement cherché, et sous le charlatanisme des mots de démocratie, de fraternité, d'association, je n'ai vu en effet partout qu'exploitation égoïste, que division haineuse et antagonisme perpétuel.

Voilà les conséquences de tous nos systèmes, et même plus, voilà l'esprit de toutes nos institutions politiques jusqu'à ce jour. Constamment établies en vue des nécessités d'un moment, ou d'un résultat principal à obtenir, aucune n'a satisfait à l'universalité des besoins, n'a protégé assez également tous les intérêts actuels, ni prévu les futurs. Aucune n'a suffisamment consacré leur moyen d'acceptation et de garantie dans le domaine social, de sorte que, soit que cette nécessité du moment ait passé, soit que le but principal ait été atteint, les

ressorts des constitutions se sont distendus, les intérêts imprévus, oubliés ou lésés, ont grandi, se sont
fait jour et sont arrivés à leur tour, à dominer
et à déterminer des formes nouvelles aussi partielles
et aussi défectueuses que les autres et qu'attend le
même sort. Peuples, rois, bourgeois, nobles, prêtres, tous se pervertissent et deviennent intolérants
et exclusifs dans le triomphe, tous en abusent et se
font abhorrer, tous déblaient de leurs propres mains
la place à leurs adversaires.

Il est cependant impossible de croire que ces révolutions successives par lesquelles la tyrannie ne fait
que passer d'une classe à l'autre et où une partie n'est
heureuse qu'en opprimant et abaissant tout le reste,
soient le mode nécessaire des progrès de l'humanité.
La vraie politique doit être plus large et plus frater-
nelle que ce système d'exclusion haineuse et d'injustice. C'est en nous tenant tous par la main,
que nous devons gravir la montagne qui nous cache
les champs de l'avenir et ce sont des hommages
unanimes de reconnaissance que Dieu veut, aussitôt
que leur nouvelle et plus grande fertilité frappera les
regards, de même que c'est toute la création qui est
appelée de concert à saluer chaque matin le retour de
la lumière. Ceux des degrés élevés, des rangs avancés, à qui il est donné de les apercevoir les premiers,

doivent aider les autres à se hâter et à arriver jouir au même lieu, comme les pères s'empressent d'élever sur leurs bras leurs enfants, afin de leur montrer un spectacle qu'ils sont trop petits pour voir d'eux-mêmes.

Eh bien ! ce sont ces guides que le dix-huitième siècle nous a si fatalement inspiré de méconnaître, ce sont les bonnes voies, du secret desquelles le respect des saines et éternelles traditions des peuples à défaut de leur propre génie, les rendaient dépositaires, qu'il nous a fait oublier. L'envie et la présomption de notre ignorance, voilà ce que des natures en révolte ou des ambitieux barbares n'ont que trop habilement exploité contre tous les grands principes, toutes les grandes autorités tutélaires des sociétés, c'est à dire en définitive contre nous-mêmes; et pour avoir éteint à leur instigation les lumières séculaires, nous voilà aujourd'hui, dans notre obscurité, devenus la proie de tout intrigant qui peut faire miroiter à nos yeux la plus éphémère et la plus trompeuse lueur, alors même que nous savons qu'il n'en doit prendre la flamme qu'au bûcher des dépouilles de nos frères !

Nous avons décomposé les forces de la nation, détruit tous les classements, rompu tous les liens réguliers, nécessaires de la société; nous avons dédaigneusement répudié les résultats acquis et dispersé le faisceau des gloires et des traditions nationales; nous avons rompu la chaîne des époques françaises et anéanti la patrie pour laisser chacun, livré à lui-même, au trouble de ses instincts et de sa raison confuse, recommencer sa vie, avec ses seules forces naturelles, au plus bas de l'échelle de la civilisation ; et c'est là ce que l'on ose appeler du progrès ! Nous trions des citoyens, nous mutilons la famille publique, nous en excitons, par des calomnies ou de fausses doctrines, les membres les uns contre les autres et, de même qu'une classe nous a tyrannisés au nom de la puissance de la richesse, nous prétendons la tyranniser à notre tour au nom de la puissance de la misère, et c'est là ce que l'on ose appeler de la fraternité ! oui, c'est de la fraternité, mais à la façon de celle d'Abel et Caïn, comme on l'avait déjà remarqué à la première révolution.

Du reste, le sentiment de la fraternité, même bien compris, ne suffirait pas pour le bon établissement et la marche de la société ; il y faudrait admettre aussi ce que j'appellerai, en continuant l'image, le sentiment de la paternité. Les grands génies en tous genres, les bons moralistes et les praticants par excellence de leurs doctrines, seront toujours, quoi qu'on prétende, plutôt les pères que les frères de la patrie, et il est plus facile

de se décréter d'un trait de plume une parfaite égalité avec eux que de la réaliser et même d'y croire
intérieurement.

Il n'en est pas moins vrai, cependant, que c'est de ce
misérable sophisme, à tous degrés ridicule et insoute-
nable, qu'ont découlé torrentueusement sur nous tous
les maux, et l'on doit voir, par ce que nous souffrons
depuis que notre aveugle orgueil l'a adopté en symbole, de comb'en de tourments et de calamités un
peuple peut être amené à payer une folle prétention
de son envie.

En effet, ce sophisme, qui est puissant de toute la
puissance du mal dans notre nature défrénée, por-
tait dans ses flancs les deux principes les plus actifs de
dissolution sociale : la convoitise sans scrupule, sans
limites et, par conséquent, sans assouvissement
possible et l'extravagante infatuation de la sagesse
individuelle, aux dépens de toute autorité collective
supérieure et de tous principes essentiels de solidarité, obligeant tout le monde, l'humanité même, à
leurs règles.

Auparavant, alors qu'on daignait reconnaître des
supériorités sociales salutaires, comme phares et sti-
mulants pour la multitude, et des principes traditionnels de foi, de charité, de juste respect et d'espérance,
qu'on ne se croyait pas en droit de nier virtuelle-
ment et de mépriser lorsqu'on ne les pratiquait pas,

les chefs d'intelligence et de fortune dans la nation se
tenaient pour obligés d'aider l'humanité dans l'homme lui-même ; et, si l'omission de ce devoir était fréquente, au moins pesait-elle sur la conscience comme
un remords. Mais, dès qu'on fut parvenu à faire
adopter au pauvre peuple, d'enthousiasme et comme
la pierre philosophale reconquise, cet alléchant, mais
perfide dogme de l'égalité, qui ne peut être vrai que
devant Dieu au ciel et la justice distributive sur la
terre, et qui n'a jamais été plus éloigné en fait que
depuis qu'il a été reconnu en droit ; dès que le monument national des croyances, sapé pendant tout un
siècle avec un aveugle acharnement par des philosophes sans philosophie, se fut écroulé, et que les sentiments religieux qui le constituaient furent anéantis
ou éparpillés çà et là au sein de quelques bonnes familles ; dès que l'incrédulité ou du moins l'indifférence, d'un si bel air, fut devenue générale et qu'on
se fut habitué à s'enorgueillir de ne placer que dans
ce monde son but, sa confiance et son espoir; dès
qu'enfin, on fut parvenu à faire prendre aux enfants
gonflés de présomption, les lisières qui aidaient leur
marche pour d'humiliantes entraves, et que chacun fut rendu ou plutôt réduit en toute indépendance à ses propres forces ; dès cette époque à jamais maudite, la charité s'enfuit de notre terre, les
faibles et les malheureux furent orphelins, seuls avec

leurs souffrances; dès cette époque commença l'effroyable broiement des générations inférieures sous les chars fougueux des habiles impitoyables courant à la fortune, et ainsi, dès le moment de l'ivresse coupable, dès le moment de la faute, apparut la rude expiation.

Dans ce champ sans limites, ouvert en tous sens à chaque ambition individuelle, l'habileté, l'activité, le talent, dégagés du frein des scrupules et de la gêne d'une solidarité charitable, furent certains de la victoire. Et quels scrupules auraient-ils eus? ils ne croyaient plus qu'aux avantages positifs de cette vie, et leurs succès y étaient la conséquence de cette conquête si hautaine, si désirée, si prônée, de la rentrée de chaque individu dans ce qu'il appelait la plénitude de sa liberté et de ses droits; conquête qu'on n'ose pas encore déplorer aujourd'hui, malgré le cruel ressentiment de la duperie de ses promesses, malgré la conscience que l'on a de sa trop funeste vanité; tant il est difficile à notre orgueilleuse nature de convenir des erreurs et des folles prétentions de son amour-propre.

Et cependant, je le dis en toute conviction, le salut du monde est désormais dans un acte d'humilité, et non dans la continuation de l'acte d'orgueil que nous accomplissons depuis soixante ans.

Nous avons insolemment rejeté l'aide d'une humanité incarnée, accessible à nos plaintes et consciencieusement obligée à l'allègement de nos peines; nous avons consenti avec des transports de joie, à la remplacer par une humanité de papier, par la lettre morte. Tant que nous ne résilierons pas cet échange, qu'aurons-nous à réclamer? nous sommes misérables! nous écrierons-nous; oui, mais nous sommes libres, lisons nos chartes; nous sommes barbarement délaissés! oui, mais nous ne sommes plus des sujets, nous sommes des citoyens; nous sommes distancés, écrasés, exploités par les riches et les habiles! oui, mais nous sommes leurs égaux, ils ne sont, ne peuvent être que nos égaux, quelqu'absurde que cela paraisse; ils ne nous doivent donc rien, il faut que chaque citoyen véritable se suffise; nous sommes sans résignation dans nos maux, sans guides dans nos principes, sans espoir dans l'avenir! oui, mais nous raillons d'un air capable la providence et nous ne croyons plus en Dieu; nous renions fièrement sa puissance, à lui aussi, sur le monde.

Pitoyables orgueilleux que nous sommes! repoussant ou méconnaissant les lois que ce Dieu a données à l'humanité et dont il a gravé les prescriptions dans les consciences et dans les cœurs, nous avons osé prétendre à les remplacer par les nôtres, misérablement emphatiques, que nous avons sèchement déposées dans de stériles proclamations; et, devant ces inanimés, ces insensibles matériaux du moderne monument de nos vanités, qui est ici-bas la réalisation de l'enfer de l'ange déchu en rébellion d'envie contre l'ouvrage du Créateur, je me suis glacé d'effroi et navré de tristesse, car à son frontispice j'ai vu écrit aussi, comme au frontispice de celui du Dante : Ici plus de charité, plus d'espérance !

Organisateurs modernes ! vos essais sociaux sont horribles ! les lumières que vous répandez dans le peuple doivent être maudites ; c'est le feu que vous avez attisé au sein de la maison pour la consumer ; ce sont les frénésies du désespoir que vous avez suscitées au cœur de misérables qui avaient déjà bien assez du propre poids de leurs peines et par lesquelles vous avez bouleversé des âmes qui sans vous se seraient résignées à leur sort ; ce sont des ambitions impies que vous avez excitées, qui ont flétri la conscience, seule richesse du pauvre, et qui l'ont dépossédé même de la croyance en son Dieu ! Les traits hâves et tirés par l'âpreté des convoitises et des désirs, il a l'œil fixe sur les jouissances de la terre dont uniquement désormais, il espère le bonheur ; et, repoussé impitoyablement du banquet, il s'épuise en blasphèmes contre ce Dieu qu'il a oublié, contre cette société par laquelle il a pensé le remplacer, contre lui-même qui, sans ressources, sans appui, sans confiance, se trouve seul, bourrelé par la désillusion, les doutes, la misère, la terreur et les remords. De grâce donc ! que l'homme soit protégé par l'homme, par quelque chose qui peut avoir cœur,

pitié, et non par vos lois et vos arides déclarations
de droit dont vous êtes si fiers et qui ne sont cependant, que de l'humanité dans les écrits, pour vous dis-
penser d'en mettre dans la conduite; que des conces-
sions méthaphysiques excessives par lesquelles vous
reconnaissez des droits à tout, pour n'aider à rien
par vous-mêmes et, après lesquelles, vous croyez
pouvoir contempler dans une immobilité et une in-
sensibilité complètes, du sommet où le sort vous
plaça, sinon où votre habileté vous a fait parvenir,
les efforts de ceux qui, altérés d'envie par vos doctrines perfides et talonnés par la misère, aspirent
aussi à gravir l'escarpement et à atteindre le faîte.
Les malheureux! harassés, rendus de lassitude, déses-
pérés de l'inutilité de leurs luttes ou trop pressés sur
les degrés de plus en plus étroits, ils sont repoussés
en dehors et roulent se perdre dans la boue qui ne
cesse de s'amasser au bas de l'édifice social sans que
vous l'enleviez jamais.

Et encore cependant, philosophes du siècle passé,
n'êtes-vous pas les plus coupables! Vous ne prévoyiez
certainement pas les conséquences de vos doctrines,
quelque directes et fatalement nécessaires qu'elles
fussent; et c'est précisément quand tout le droit,
avec le plus simple bénéfice de son exercice, est dé-
nié, que l'on est enclin à s'en exagérer dans l'imagination la mesure et le bienfait.

Les grands coupables sont nos rudes agitateurs d'aujourd'hui qui, exploitant, pêle-mêle, les passions perverses des natures avilies et les exaspérations, les défiances, si concevables, quoique si funestes et souvent si injustes, d'une misère dont les fausses doctrines seules, et non les individus, ont été les causes, poussent le peuple à la spoliation de ceux qui possèdent quelques avantages sociaux, avantages qui sont, à ce qu'il paraît, des usurpations iniques dans d'autres mains que les leurs. « Voyez, Sire, ces champs, ces troupeaux, ces maisons, ces palais, ces richesses, ces hommes, oui ces hommes même ; tout cela est à vous, vous pouvez en disposer à votre gré et ce n'est que par pure grâce, pure générosité de votre nature magnanime, que vous laissez vivre et prospérer tous ces manants, ces vassaux sur vos domaines, » disait un courtisan à une majesté encore en jaquette. La chose fut trouvée et à bon droit certes, fort hideuse ; mais que disent donc de moins aujourd'hui nos courtisans plébéiens à sa majesté en guenilles ? Il n'y a, à la honte de notre âge, que la différence d'une folle mais vaine flatterie, à une instigation sérieuse et en atroce voie d'exécution !

Pauvre humanité ! pauvre logique ! excellente contre les extravagances d'autrui, absurde contre les nôtres !

DEUXIÈME PARTIE.

―

DES DOCTRINES NOUVELLES.

J'ai quelque difficulté, je l'avouerai nettement, à croire à la bonne foi de la plupart des apôtres des doctrines perturbatrices du jour, et cette hésitation prouvera à leurs yeux mêmes, j'en suis sûr, plus en faveur de mon bon sens que contre ma tolérance. S'il y en a parmi eux de sincères, comme, malgré tout, il m'est doux pour l'honneur du caractère humain de l'admettre, ce ne peut être que des imaginations et des sensibilités incomplètes qui ont divinisé les souffrances inférieures par lesquelles elles ont été plus particulièrement impressionnées et qui ont abondé dans le sens de l'infortune la plus frappante. Mais leurs doctrines, d'un fanatisme et d'un zèle farouches, n'ont pu fermenter si violemment et prendre des couleurs si sombres, arriver à des conséquences si raides et à travers tant de cris, tant de réclamations, tant de désastres, si impitoyables, que dans des esprits qui, longuement concentrés sur le même ordre de sensations, ont fini par s'en saturer exclusivement; et elles n'ont pu êtresi absolument acceptées que dans des rêveries solitaires et des systèmes idéaux dont on a, sous le régime déchu, comprimé la complète expression fort imprudemment; car toutes les monstrueuses erreurs, toutes les iniquités qu'ils recèlent auraient apparu et auraient été triées au crible de la discussion, et la rigidité de leurs déductions abstraites aurait fléchi en présence des faits et des possibilités de réalisation. Mais, s'il est certain qu'il faudrait tenir exact compte de ces particularités pour apprécier les individus, ce que je n'ai ni ne prends la mission de faire, il est tout aussi indubitable qu'elles deviennent inutiles pour juger les doctrines, et c'est ce que j'entreprends, non pas encore dans toutes les variétés de leur exposition, mais surtout dans l'ouvrage qui leur a valu le plus de retentissement, dans l'ouvrage de M. Louis Blanc.

Aussi bien, l'examen des autres publications serait-il à peu près inutile, car le principe fondamental de l'école est unique, il n'y a de différence que dans la forme et dans les détails d'exécution, dans les moyens à employer pour arriver au but : et ce principe lui-même n'est que le plagiat du fameux sophisme de Sieyès, appliqué au bas peuple. « Qu'est-ce que le tiers-état en droit? s'écriait-il au commencement de sa brochure; tout. Qu'est-il en fait? rien ; de là l'immoralité et l'injustice de l'organisation sociale ; de là la nécessité d'un remaniement. » Depuis que le tiers-état est devenu bourgeoisie, l'application de la maxime a changé et l'on a dit : Qu'est-ce que le peuple, en droit? tout ; qu'est-il en fait? rien, etc. Eh bien, le sophisme est aussi complet et l'exagération au moins aussi hyperbolique sous cette forme que sous l'autre. Dans une nation, ce n'est pas le peuple, ce n'est pas le tiers-état, ce n'est pas l'aristocratie terrienne ou commerciale, ce n'est pas le clergé qui est *tout;* c'est cela réuni, qui est *tout.* En 1789, le tiers-état était immensément plus que rien ; en 1848, depuis février surtout, il serait par trop audacieux de dire que le peuple n'est rien ; il est infiniment trop pour le reste des citoyens et pour son propre bien, et il aspire, il s'essaie à devenir bien davantage encore.

Je ne perdrai pas mon temps à développer de telles évidences, je me contenterai d'arracher le voile qui les obscurcit ou les colore faussement dans le livre de l'*Organisation du travail;* et encore ne m'occuperai-je pas de ce qui y est définitivement jugé et condamné par l'opinion publique, c'est-à-dire, de son mode particulier de réalisation.

Je n'écris pas pour donner le coup de grâce à un moribond, et je ne cherche à réfuter que les assertions et les promesses qui pourraient avoir quelqu'influence sur des esprits honnêtes et sérieux et dont les apparences pernicieusement attrayantes pourraient les tromper et les engager à l'essai; mais je le défie de faire accepter pendant vingt-quatre heures, son établissement d'atelier social, à égalité de salaire, par les ouvriers eux-mêmes, ailleurs que dans la salle de déclamation du Luxembourg. Et d'un autre côté, je me trouverais ridicule si je craignais de voir notre société française, nos campagnards, nos propriétaires, nos artistes, nos poètes, dont les conditions d'existence, de développement, sont si essentiellement dans la variété infinie de l'exercice de leur liberté individuelle, venir se fourrer dans cette longue et monotone souricière, s'enrôler dans les ouvriers égalitaires et prendre leur cellule dans le pénitentiaire de M. Louis Blanc, en s'y réduisant à la portion congrue et s'y soumettant à la stricte observance de la règle. Quelle étrange maison, Monsieur, vous avez été nous bâtir; et quels étranges ébats vous avez été nous imaginer là! Eh! de grâce, remarquez-le, la France n'est pas

toute faite de filateurs de soie ou de coton, d'ouvriers
drapiers, de forgerons, de fermiers-modèles, qu'on
pourrait à la rigueur enrégimenter et condamner à
entrer dans le couloir de votre maussade prison. Il
s'y trouve des hommes libres, des penseurs, des rêveurs, des désœuvrés comme vous quand vous faisiez
vos livres, de sublimes et salutaires paresseux qui vous
riront au nez quand vous leur montrerez votre gui-
chet, et qui vous diront peut-être en langage vulgaire, mais juste, que chacun doit pouvoir faire son
lit à sa guise, manger à son heure et à sa façon,
voyager où il lui plaît, sans permission du geôlier
(c'est bien assez déjà des passeports), et réaliser ses
plus singulières fantaisies, pourvu qu'elles ne nuisent
pas à autrui. Car enfin c'est cette infinité de goûts, de
modes d'être et de faire qui constitue la beauté, l'ori-
ginalité, l'attrait et l'entière expansion du mouvement
humain, et qui est la source du bien-être et de la
prospérité même des travailleurs auxquels vous sem-
blez penser de préférence. Vous n'aurez pas un seul
locataire dans votre hôtellerie, elle est trop triste,
trop cénobitique et n'a pas de vue.

Oh! ce n'est pas avec de telles pauvretés que l'on
soulève même des ouvriers affamés par centaines de
mille et s'il n'y avait que ce ridicule roman dans le livre
de l'*Organisation*, il n'aurait été lu que par surprise et
aurait été rejeté et oublié sur l'heure. Malheureusement
on y trouve aussi les principes de cette morale relâchée

et sophistique que les novateurs ont inventée pour amollir ou aigrir le peuple dans ses souffrances, pour pervertir, à la faveur du trouble porté déjà dans son jugement par l'effet de la misère, ses notions du bien et du mal, et exploiter, à leur profit, ses aveugles exaspérations contre la société. On y trouve, par exemple, comme base de morale, que l'inégalité des *aptitudes* doit amener l'inégalité *des devoirs*; tandis qu'il est si évident que c'est l'inégalité des *produits* qu'il fallait dire ; car deux individus, fort *inégalement* doués, fort *inégalement* produisants, font *également* leur devoir s'ils font chacun tout ce qu'ils peuvent ; l'égalité du devoir gît dans l'égalité *des bonnes volontés,* non *des capacités.*

On y trouve encore que chacun doit être rétribué, non pas selon ses œuvres et son utilité, mais selon ses *besoins;* ce qui serait, sans doute, le principe constitutif d'une société d'ogres, mais ce dont l'énonciation seule révolte pour une société d'êtres moraux.

Ces principes, examinés de sang-froid, sont ridicules; mais quel attrait ne doivent-ils pas avoir, cependant, pour des malheureux harassés de travail ou tiraillés par la faim, à qui on les inculque. Voilà tout le secret de leur succès.

On y trouve enfin, à forte dose, ces principes opiacés qui endorment la conscience, tout en affolant l'imagination par de vains rêves féeriques dont l'enivrante surexcitation, si elle ne suffit pas à bou-

leverser de fond en comble la société qui, comme
l'Église, est impérissable, du moins, la tient en
inquiétude, la trouble, la mutile, l'entr'ouvre, et
dans la fissure, imprime parfois un élan assez fort
pour pousser jusqu'au sommet les détestables exci-
tateurs.

Dès qu'ils y sont, l'échelle est tirée ; la place est
bonne, ils y restent et montrent les dents aux traî-
nards. Ce n'est pas là encore le plus grand mal de
ces enseignements dissolvants ; s'ils ne devaient servir que pour un assaut, on s'en consolerait ; mais ils
mènent à d'autres ; mais ils mettent la confusion dans
l'appréciation du droit, du légitime et de l'illicite ;
ils ébranlent la conviction des possesseurs dans la
validité de leurs possessions ; ils entretiennent dans
les ouvriers abusés et délaissés, sinon comprimés de
nouveau après le coup, des prétentions exagérées et
des dispositions de plus en plus violentes à recommencer le combat contre les possédants, qu'on leur
fait regarder comme des usurpateurs ou des êtres vils
et inhumains ; et c'est ainsi que se conserve et s'augmente sans cesse une armée disponible en faveur de
tout nouvel audacieux qui vise à escalader le pouvoir.

Il est temps enfin que cette trop funeste confusion
cesse ; il est temps enfin que les patrons et ceux que
l'on désigne, avec une si perfide intention, à la haine
et à l'envie du pauvre sous la dénomination de *riches*,

comprennent qu'en défendant leurs positions, leurs
intérêts, leurs richesses, s'ils en ont encore, ils dé-
fendent non-seulement le fait, mais le droit; non-
seulement le droit des individus, mais le droit des
sociétés; le droit le plus sacré, le plus imprescrip-
tible, le droit le plus salutaire pour le pauvre même.
Il faut que ce pauvre comprenne que le fait de n'avoir
rien ou de n'avoir que peu de chose, ne lui acquiert
nul titre à dépouiller les autres de biens qui ne lui
ont pas été enlevés, ni à regarder comme une spoliation dans autrui ce qu'il trouverait une propriété
fort légitime dans ses mains. Il faut qu'il comprenne
que ses ennemis, ses assassins, les contempteurs de sa
misère ne sont pas parmi les riches, mais bien parmi
leurs calomniateurs. Il faut enfin que les limites du
droit de chacun soient tracées, que la société recouvre
ses bases éternelles, et qu'elle rentre dans les rails
d'où on l'a fait violemment sortir pour l'égarer et la
faire choir. Il faut que les mauvais ambitieux, barbares exploiteurs de souffrances, deviennent bien
clairement à tous les yeux et jusqu'aux leurs même,
purement et simplement des coupables, sans atténua-
tion, sans excuse, des coupables.

Est-il possible. en effet, que la grande société du
dix-neuvième siècle, pose plus longtemps en chose
taillable et corvéable à merci d'un L. Blanc, d'un
Blanqui, d'un Proudhon, et que nous demeurions

incessamment sous la menace d'une nouvelle descente de ces burgraves modernes de leurs châteaux-forts des faubourgs de Paris avec leurs bandes franches, dans nos cités et nos plaines, pour y polluer nos femmes, dévaster nos moissons et nos propriétés, et promener, pour peu que la fantaisie leur en prenne, nos têtes au bout de leurs piques? Les paysans et les trafiquants du moyen-âge subissaient les invasions des pillards de leur époque, mais du moins ne poussaient pas, comme nous, l'extravagance ou la lâcheté jusqu'à y reconnaître quelque droit, jusqu'à avoir quelque doute sur leurs motifs et leur but. Moquons-nous donc encore de la barbarie de nos pères, et vantons-nous à outrance de notre savoir et de nos progrès !

Le génie de tous ces prétendus réformateurs, qui se croient profonds lorsqu'ils ne sont qu'obscurs, et habiles lorsqu'ils ne sont qu'audacieux, consiste, ne sachant réparer ni améliorer la maison éternelle, à conseiller d'y mettre le feu. L'idée n'est pas neuve, elle date d'Erostrate; ils y ont seulement ajouté cette autre, qu'on dirait empruntée à un échappé de Brest, de butiner dans les décombres; et leur tactique consiste devant l'abus à nier le droit; devant les effets des mauvais principes à nier les bons; devant la difficulté d'acquérir honnêtement, à conseiller la spoliation. Parce qu'il y a de mauvais riches, ils condamnent les richesses; parce qu'il y a des prolétaires, ils condamnent la propriété; parce qu'il y a difficulté de travail, ils excitent à voler. Ce sont toujours les vieilles et déloyales récriminations de ceux qui n'ont pas contre ceux qui ont, et les commodes accusations d'incapacité et d'indignité contre les possédants actuels, pour se mettre à leur place ; et c'est toujours aussi le vieil et absurde avis : « pour avoir les œufs d'or, de tuer la poule. »

Eh ! de quel droit donc, puisqu'il en faut venir à reprendre au sérieux ces déclamations usées, de quel droit reprocher aux classes supérieures les misères sociales ? Si elles ont si affreusement et si rapidement augmenté, n'est-ce pas à votre ridicule doctrine d'égalité et de liberté sans frein qu'on en est redevable ? Je crois l'avoir démontré. Si les supérieurs sont devenus personnels, n'est-ce pas que les inférieurs sont devenus dédaigneux, suffisants ? Si les riches, ou plutôt les enrichis, les produits de vos principes, sont devenus durs, n'est-ce pas que les pauvres sont devenus insolents ? Des uns ou des autres quels sont aujourd'hui les plus méprisants ? Quels sont ceux qui nourrissent les plus mauvais sentiments ? Quels sont ceux qui ont les prétentions les plus âpres et les plus envahissantes ? Quels sont ceux qui ne profèrent qu'imprécations de haine et de vengeance, lorsqu'ils voient, pour la défense des possessions et des biens acquis, des dispositions d'une énergie correspondante à l'acharnement de l'attaque ? En un mot, s'il y a encore des vampires sociaux, où faut-il les aller prendre ?

De grâce, messieurs, cessez vos lamentations hypocrites ou absurdes ! Cessez vos excitations à la révolte ou à l'antipathie ; car, il y a, sachez-le bien, mille fois plus d'humanité pratique et effective dans un coin du cœur de ces entrepreneurs qui ont continué à donner du travail à leurs dépens, à tenir leurs ateliers ouverts aux travailleurs, malgré les dangers et les menaces de leur ingratitude ou de leur rébellion ; dans ces riches propriétaires qui sont les véritables intendants des malheureux, que dans l'esprit et l'intention de vos livres subversifs qui poussent au désordre, aux mauvaises pensées et aux mauvaises actions, et n'en inspirent, n'en ont jamais inspiré une bonne. Il y a mille fois plus de bienveillance compâtissante dans l'âme des personnes réellement et journellement en contact avec l'homme souffrant et besogneux, que dans celle des vaniteux faiseurs qui vivent en face et en contemplation de leur livre, et arrivent à n'avoir de sensibilité que pour l'homme modèle et imaginaire de leur système.

Rêveurs modernes ! docteurs de la perversion populaire ! quelle misère avez-vous soulagée ? Quelle est celle que l'essai de vos préceptes n'a pas au contraire aggravée ? Quel est le morceau de pain que vous offrez à l'affamé à acquérir sans remords ?

Souvent la société ne le lui accorde que trempé de
larmes, c'est vrai ; mais vous, vous ne le lui montrez
que trempé de sang et avec le goût amer d'une propriété douteuse. Quel est le malheureux, ébranlé
dans le courage de sa probité, à qui vous ayez tendu
la main pour soulager sa détresse et le soustraire à
de sinistres projets ? Bien au contraire : Souffre encore aujourd'hui, lui avez-vous dit ; demain tu auras
perdu ton âme et tu seras des nôtres. Les tiraille-
ments du besoin sont vos embaucheurs, vous ne vous
recrutez que par la déchéance et les aspirations de
vos soldats sont celles du crime. Aussi tous les
honnêtes gens, à quelque degré de l'échelle qu'ils
se trouvent, à quelque extrémités qu'ils soient réduits, ne sont plus, ne veulent plus être avec vous,
et disent, d'une voix unanime : Plutôt la faim que le
vol, plutôt la mort que le déshonneur !

Eh quoi ! s'écrie chacun de ces hommes désabusés
par le redoublement même de leurs maux ; parce que
ces biens ne me sont pas échus à moi ouvrier, ne sont-
ils pas à ceux qui les possèdent, qui les ont augmentés ;
à leurs générations, qui sont les chaînons de la filiation immortelle des familles, et qui ont mission de
continuer dans ce monde leurs exemples, leurs splendeurs, les progrès de leur prospérité et de leur bienfaisance ? Si je les possédais comme eux, si je pouvais
les transmettre à mes enfants, comme eux peuvent

aux leurs, souffrirais-je qu'on vînt me les contester, me les disputer ou me les arracher avec dédain pour d'autres? C'est un malheur d'être pauvre, mais sont-ce mes semblables qui m'y ont réduit, qui m'ont spolié de ce que j'avais primitivement? Ne suis-je pas né tel, ou ne le suis-je pas devenu par la paresse, l'insouciance ou les mauvaises habitudes? Et, dans le premier cas, n'est-ce pas celui qui les a placés dans l'aisance qui m'a placé, moi, dans le dénuement? et dans le second, ne suis-je pas l'unique auteur de mes maux? En quoi sont-ils donc responsables de ma situation? Qu'ai-je rigoureusement à leur réclamer? Quelle restitution me doivent-ils? Et puisqu'ils sont dans leur droit strict en ne me donnant rien, quel cynisme d'immoralité ne me faut-il pas pour tenter de les contraindre par l'intimidation à une humanité purement discrétionnaire, et qui n'est digne et féconde qu'en étant réellement sentie au cœur? De quel air souffrirais-je moi-même que le pauvre m'insultât pour récompense du morceau de mon pain que je lui donnerais, et me menaçât de me l'arracher si je ne le lui offrais? En gardant ce morceau de pain pour moi, je serais un cœur dur, mais serais-je un voleur? Le voleur ne serait-il pas au contraire celui qui voudrait me l'enlever?

Et, d'ailleurs, ces possesseurs naturellement plus favorisés, n'étaient-ils pas tout disposés, avant nos arro-

gants dédains, à nous soulager ? N'y sont-il pas disposés encore aujourd'hui que nous les insultons et provo-
quons ? Est-ce eux qui ont méchamment fermé leurs
ateliers, ou est-ce nous qui, alléchés par de plus
faciles espérances, les avons abandonnés pour courir
aux processions publiques qui épouvantent et font
fuir tous les consommateurs, tous les gens paisibles ?
Serions-nous, en masse, de meilleurs et plus com-
pâtissants propriétaires qu'eux ? En âme et conscience,
oserions-nous le prétendre ? Depuis que nous sommes
plus pauvres, en sont-ils plus riches ? S'enflent-ils dè
nos dépouilles ? quelles absurdités ! Ne les voyons-
nous pas, au contraire, entraînés avec nous dans le
même gouffre de malheurs, et, au milieu de cette
nuit confuse qui y règne, au milieu de ces immenses
ruines qui y sont depuis peu amoncelées, s'ils com-
battent encore, n'est-ce pas uniquement pour préserver le reste du feu de la lampe de salut que nous
avons brisée dans nos fureurs ? pour conserver intacte au moins la base du sol social dont nous avons
réussi si rapidement à convertir la surface en chaos ?
Quand la lumière des vrais principes reviendra éclai-
rer cette scène ténébreuse et y montrer à tous les
yeux le bouleversement de ces dernières nuits d'orgies
et d'égarement ; quand le peuple indigné et repentant
cherchera de son regard sévère et jugeur les instiga-
teurs de tous ces désastres, oh ! malheur à vous tous,
téméraires conseillers ! démolisseurs frénétiques !

vous seriez perdus si ceux contre lesquels vous l'avez poussé avec rage ne parvenaient à changer son exaspération en dédain et en préservatif futur.

Déjà, comme je l'ai dit, vous ne traînez plus guères à votre suite que des natures avilies ou amollies par l'oubli de l'occupation sérieuse et du salaire honnête, des pillards rapaces ou des spéculateurs éhontés; et si cette indigne armée peut nous inquiéter encore de la puissance néfaste de son nombre et de sa mauvaise énergie, elle n'agite plus notre conscience par le moindre doute sur l'immoralité de ses convoitises et de ses moyens d'action. Nous allons sans trouble au combat qu'elle veut engager contre nous, et Dieu protége assez la France, croyons-le fermement, pour que les honnêtes gens triomphent enfin des bandits.

Je sais que vous vous réservez de dire : Mais on nous juge mal ; on nous calomnie en nous présentant comme des fauteurs de rébellion et de discorde ; voyez nos livres, nous y recommandons toujours la modération et la générosité. Messieurs ! qui donc trompe-t-on ici ? et de quelle générosité parlez-vous ? à qui voulez-vous faire croire que vous n'avez pas semé du vent, puisqu'on recueille la tempête ? Eh quoi ! vous enseignez au peuple que les biens des plus riches que lui, lui appartiennent ; ce qui aboutirait

à faire dépouiller celui qui aurait cinq francs par celui qui n'en aurait que trois, et à la fin même celui
qui aurait trois sous par celui qui n'en aurait qu'un ;
vous lui enseignez que toute propriété, toute hérédité
sont des vols à son préjudice, et vous prétendriez
l'assujettir à en faire le sacrifice, par pure condescendance platonique, jusqu'à la misère, jusqu'à la faim,
jusqu'à la mort? Sans doute vous vous moquez. Vous
ne l'exhortez pas à procéder à la spoliation immédiate
de ces propriétaires, par cela seul que vous en voyez
l'impossibilité; mais dans vos idées cette spoliation doit
avoir lieu; elle n'est qu'ajournée, ou peut-être modifiée
dans l'exécution par des moyens moins brutaux,
mais plus artificieux, et vous voulez qu'ils vous en
sachent gré. Ce n'est pas sérieux assurément, ou bien
c'est un de vos stratagèmes de guerre qui pourrait
être d'une cruelle perfidie, s'il n'était pas tout simplement stupide.

Les révoltes et les violences qu'elles produisent périodiquement sont donc les conséquences directes de
vos doctrines, et si quelqu'un de vous personnellement les blâme, c'est que son humanité et sa probité
sont en heureuse contradiction avec ses principes ;
mais le peuple à qui il les a inculqués est plus rigoureux et plus absolu logicien que lui et pousse droit
au but. Aussi voyez, par exemple, combien M. Blanc
a été faible et embarrassé, lorsqu'au 15 mai, il a cru

devoir rappeler le peuple à la modération et le contenir sur la route d'une victoire qui, après tout, était dans ses opinions et ses espérances. Mais aussi, ce qu'il condamnait, était-ce l'entreprise en elle-même ou bien sa témérité? Je laisse le point à débattre aux lecteurs; quant à moi, mon opinion est faite, et s'il me permettait de l'interroger, je ne lui adresserais qu'une seule question : à quelle époque pense-t-il que l'entreprise ne sera plus téméraire?

Jusqu'ici, dans ce rude examen, tant que je n'ai pu séparer les fausses maximes des calamités qu'elles réalisent en ce moment même, tant que j'ai été obligé de les suivre à travers les cris, les angoisses, de mes concitoyens et les ruines de ma pauvre patrie, je n'ai pu me contenir ni rester aussi froid que je l'eusse désiré; mais maintenant que je vais les discuter abstractivement, spéculativement, j'aurai à y mettre moins de véhémence.

Je désirerais beaucoup pouvoir prendre mon point de vue à la superbe hauteur de ces idéologues qui traitent délibérément Dieu de professeur à écolier, et qui, le plus gravement et le plus sérieusement possible, proposent dans le monde le remplacement de son œuvre par celle de leur imagination; le remplacement de ce qui est et a été de tout temps, par ce qui, selon eux, aurait dû être et sera indubitablement dans l'avenir. Mais je me hâte, malgré la crainte de leurs dédains, de confesser mon humilité et de déclarer que, franchement, ils me paraissent un peu obscurs.

D'autres aussi peu perspicaces, mais moins impertinents ; aussi égarés, mais plus rationnels dans leur égarement, ne pouvant apercevoir l'œuvre pure et immuablement prévalente de Dieu à travers les créations horribles ou grotesques, et les souillures dont la couvre et la ternit notre mauvais génie, souvent dans toute la mesure du mal qu'il lui a été donné de faire, aiment mieux nier ce Dieu ou l'appeler vaguement *hasard*, que de douter de la pénétration et de l'ampleur de leurs vues; et se posant eux-mêmes en souverains régulateurs à la place du Dieu absent, proposent aussi hardiment et aussi imperturbablement que les premiers, leur système d'organisation.

D'autres enfin, admettent l'existence d'un type divin primitif et modèle, mais accompagnent cette juste opinion de l'outrageante et nécessairement fausse pensée, qu'il a pu être radicalement renversé et remplacé par le misérable et chétif replâtrage des hommes ; et, partant de là, pour former la singulière prétention de le retrouver dans les rêveries de leur imagination, chacun d'eux vient à nous, son système à la main, en criant : Tenez! voilà la véritable société primitive, voilà la société de Dieu ; c'est moi seul qui l'ai retrouvée, croyez-m'en sur parole, et revenez-y au plus vite, ou, foi d'inspiré, vous êtes perdus!

Tous, comme on voit, aboutissent au même point,

à se substituer modestement à Dieu et à refaire le
monde.

Quant à moi, je désespérerais de l'humanité et de
Dieu même, du jour, heureusement tout à fait impossible, où je ne verrais d'autres ressources que de
nous confier aux élucubrations de tous ces fous.
Puisqu'il n'est que trop vrai et trop évident que les
sociétés ont dévié des voies premières et exclusivement bonnes qui leur avaient été d'abord tracées ou
révélées, je crois les pures imaginations et les divagations humaines inhabiles à les suppléer, et je pense
qu'il faut les rechercher au moyen de leurs vestiges
assurément visibles encore çà et là, à travers les con-
structions parasites dont nous les avons obstruées.
Pour cela la méthode est aussi simple que rigoureuse : c'est parmi les innombrables coutumes,
les innombrables lois qui ont régi la terre et
dont une si grande quantité ont été éphémères,
de trier celles qui se sont perpétuées, depuis le
commencement jusqu'à nos jours, à travers les
générations et les nations diverses , celles qui
ont survécu à toutes les révolutions , à tous les
cataclysmes sociaux. A coup sûr elles appartiennent à la construction typique du monde ; à coup
sûr c'est en les étudiant, en les respectant, en
nouant la chaîne de nos raisonnements à leurs indi-

cations, que nous pourrons arriver à la réédification
complète, comme l'immortel Cuvier reformait les
espèces disparues, au moyen d'un seul de leurs
débris.

Dans cette besogne je ne me laisserai pas arrêter
longtemps par la détermination préalable de l'époque
et de l'occasion de l'établissement de l'état social dont
je veux rechercher les lois, par cette simple raison
que je le crois contemporain de notre existence même
(en exceptant, toutefois, Adam qui ne saurait compter
dans notre humanité). Car, s'il a été permis, tant le
champ des erreurs et des divagations philosophiques
a été vaste et rebattu, d'imaginer les hommes dans
d'autres situations plus ou moins bizarres, par exemple, se fuyant, courant nus, debout ou à quatre pattes
dans les bois, et un beau jour se concertant pour
dresser entre eux, sans doute par devant le sylvain
notaire de la clairière voisine, un contrat de perpé-
tuelle union et se jurer, moyennant la fidèle et réci-
proque observation des clauses, amitié, assistance et
dévouement éternels en vrais chevaliers du moyen-
âge ; s'il a été permis, en un mot, de les concevoir
dans tant d'états de nature si contre-naturels ; il ne
peut être raisonnable et conforme aux faits traditionnels que de faire ressortir l'association de la
conséquence directe, nécessaire des deux propensions
les plus intimes de la nature de l'homme, qui consis-

tent, d'une part, dans la faculté et le noble désir
d'agir bienfaisamment sur son semblable, et de l'autre, dans le penchant du plus faible, du plus borné,
à recourir à l'aide, à l'étude et à l'imitation d'un plus
fort, plus intelligent, plus prévoyant et plus heureux
que lui ; comme tous, bien qu'à une distance infinie,
nous devons nous proposer Dieu en but et en modèle;
et c'est cette touchante mutualité de secours, d'exemple et de gratitude, sat'sfaisant d'un côté avec une
douceur ineffable, le légitime orgueil de celui qui se
voit capable et digne d'être utile à son semblable :
et, de l'autre, ne dégradant pas l'obligé, puisqu'il n'est
secouru que par le procédé de Dieu même envers
nous tous, par une manifestation comparative, lui
laissant pleine liberté du choix ; c'est cette mutualité,
qui constitue non pas le contrat, car un contrat
engage le libre arbitre, mais bien le lien social. Et
s'il est vrai que l'abus soit venu avec l'usage, ce
qu'assurément je n'ai nulle envie de nier, c'est par
suite de cet antagonisme perpétuel du mal avec le
bien dans le monde, mais qui y est placé comme
condition de notre mérite et de notre gloire aussi
bien que comme cause de nos souffrances.

Toutefois, s'il y a hideuse culpabilité aux uns à
opprimer, il y a aussi faiblesse impardonnable aux
autres à consentir à l'oppression ; car, par la seule
résistance d'inertie de leur plus grande masse, ils

peuvent tenir en échec les tyrans et neutraliser leurs ignobles projets. Le préservatif, le seul préservatif à ces maux avant le fléau, c'est le maintien d'une haute et scrupuleuse moralité chez les supérieurs et du juste sentiment de la dignité humaine chez les inférieurs : c'est-à-dire la vigueur et la ferveur du sentiment religieux chez tous ; et leur remède quand ils ont fondu sur la société, c'est le retour sincère et radical à ce sentiment sauveur. Il n'y en a pas d'autre, et J.-J. Rousseau ne se serait pas épuisé à chercher de vains freins politiques, auxquels il déclarait lui-même ne pas pouvoir se fier, si les mauvaises tendances de son siècle ne l'avaient pas empêché de songer à celui-là.

Du reste, il est bien moins inconséquent dans son système que ne le disent ses appréciateurs modernes, qui lui prêtent trop libéralement leurs propres défauts, et celui-là a bien raison qui écrit quelque part qu'il ne faut pas passer les prémices à ce rude dialecticien, si l'on ne veut pas se voir logiquement obligé à lui accorder tout le reste. En effet, admettez avec lui, par exemple, l'existence ou seulement la possibilité du contrat social, le dogme, si palpablement faux, de l'égalité, en découle immanquablement ; car il ne peut y avoir contrat ou du moins contrat loyal, échange équitable qu'entre égaux ; puisque, tout contrat obligeant strictement et com-

plètement chaque partie, dans l'état d'inégalité, il y
en aurait nécessairement une exploitée par l'autre,
comme il arrive effectivement aujourd'hui du peuple
pauvre ou moins intelligent, au profit des plus habiles
ou des possesseurs de fonds.

Et c'est vainement qu'on tenterait d'objecter
que dans l'état de mutualité naturelle d'où je
fais découler la société il en est de même ; parce
que là on ne s'engage à rien, on suit l'influence
prépondérante, si on la trouve bonne, si l'on
veut, quand et comme on veut, simplement tant
qu'on veut ; on a toute sa liberté, même dans
l'indocilité, et l'on n'en est puni, l'on a droit
de n'en être puni que par les conséquences, tant
qu'on n'empiète pas sur autrui, tant qu'on ne
nuit pas à son prochain ; il ne peut donc pas y avoir
d'opposition plus diamétrale que celle-là.

D'ailleurs, s'il était parfaitement dans la tournure
du génie paradoxal de J.-J. de s'amuser à imaginer
une société bâtie avec le dogme fondamental de l'é-
galité, au milieu d'un monde auquel Dieu n'a procédé partout dans les ordres, les espèces, les individus mêmes, que par inégalités, il est évident aussi
qu'il ne songeait en cela qu'à un exercice de sa dia-
lectique complètement spéculatif et tout à fait indifférent au monde réel, et qu'il n'eût point écrit, s'il
avait pu le moindrement prévoir l'usage et l'appli-

cation barbares qu'on devait tenter de ses rêveries.
Il nous en fournit deux preuves bien frappantes: la
première, dans le peu de cas qu'il en faisait lui-
même, en disant qu'il les donnerait volontiers toutes
pour nne bonne action et que leur essai ne valait
pas la peine d'une goutte de sang humain; et la seconde, dans les absurdités qu'il voyait parfaitement
lui-même résulter de leurs conséquences; car, par
exemple, dans le sens de son contrat, dès qu'un seul
individu aurait été lésé ou aurait voulu résilier le
bail, la société était dissoute de droit. Il ne lui venait
cependant à l'esprit d'engager aucun mécontent à
sommer l'état social de se séparer, ni même en
aucun cas à lui désobéir; tout au contraire, il
traite quelque part et avec grand raison, do fou
celui qui voudrait sérieusement revenir à son état
idéal et exécuter ses romans. Après ces rudes et
formels avertissements réitérés, il devait, certes, rester
fort tranquille en sa conscience sur les dangers et les
tentatives d'une application si impossible; mais il
avait laissé hors de compte toutes les extravagances ini-
maginables de la déraison et de la vanité humaines, et
tout le funeste parti qu'en pourraient tirer des ambitieux sans frein, ni scrupules. Ceci prouve péremp-
toirement aux idéologues qu'ils ne doivent s'essayer
devant les hommes à aucun jeu d'utopie, sous le prétexte de son abstraction purement littéraire; car ils

peuvent s'attendre à ce qu'il s'en trouve toujours tôt ou tard un assez grand nombre qui tenteront de traduire ces chimères en faits.

Il reste donc évident qu'au monde des hommes, comme à celui des autres êtres, il n'y a pas d'égaux, il n'y a que des semblables dans les produits ; il n'y a pas d'égalités, il n'y a que des similitudes dans les développements ; et en cherchant ce qu'ont voulu désigner les métaphysiciens et les législateurs par ce mot *égalité*, employé par les uns dans leurs abstractions et placé par les autres au frontispice de leurs constitutions, on arrive à trouver que c'est l'identité de méthode et d'instrument d'appréciation pour tous qu'ils ont entendu indiquer par lui ; mais, à la vue de la longue chaîne de nos calamités modernes, l'on frémit à penser combien une simple mauvaise locution peut devenir funeste, quand le vulgaire n'est pas apte à faire la distinction de sa signification exceptionnelle et de son sens ordinaire. Nous devons tous être pesés dans la même balance, mais pas avec le même poids ; voilà le seul principe vrai, parce qu'il est le seul équitable.

Eh bien, dans le monument social, ainsi magnifiquement et salutairement étagé, selon les intentions du souverain architecte, par les différentes aptitudes, les différentes perfectibilités, les différents résultats acquis ou atteints, je remarque constamment, à travers les excroissances parasites et la mauvaise mousse des siècles, trois grands faits : *la famille, la propriété, l'hérédité*. Ils sont donc essentiellement générateurs et constitutifs du vrai type primitif. D'après ce que nous avons admis plus haut, ceci déjà est certain ; mais une autre preuve, c'est que, tous les trois ensemble, ils se rattachent strictement comme moyens aux principes de développement que nous venons de voir qu'il fallait assigner à la société.

En effet, il serait absurde de supposer que Dieu eût doué sa créature de facultés inutiles, sans droit ni pouvoir de les exercer ; qu'il eût mis en elle l'art et le désir des créations secondaires et partielles, des combinaisons infinies de la matière à son usage ou à son agrément, tout en lui déniant le droit de se l'approprier : ce serait une mystification qu'il ne nous est pas permis de soupçonner un instant. Si donc la terre a été d'abord livrée à tous en don gratuit, avec droit rigoureux d'y vivre, elle a pu devenir plus spécialement la chose de celui qui la transforma à sa convenance personnelle, qui en fit son œuvre, dans toute l'étendue de cette œuvre ; voilà comment le droit de premier occupant est strictement attaché au droit de remaniement de l'espace occupé, et comme tous les deux constituent le droit définitif de propriété.

La terre est à tous et n'appartient à personne

en particulier! s'écrient pompeusement les sophis-
tes. Comment! voici une cabane que j'ai ima-
ginée, que j'ai bâtie et installée de mes mains; voici
des arbres que j'ai plantés et arrosés, que j'ai élevés;
voici une gerbe de blé provenant d'un grain vague
que j'ai enfoui, dont j'ai surveillé et élagué la pousse,
et vous, passant, qui remarquez que tout cela ainsi
concentré, arrangé et amélioré, vous accommoderait
parfaitement, vous vous mettez en tête de me faire
croire que tout cela est encore à vous maintenant,
autant qu'à moi, que nous n'avons pas cessé d'y avoir
égal droit! Vous déraisonnez déplorablement, brave
homme, et je vois ce que c'est: tenez, voilà pour votre
soif une de mes meilleures poires d'un de mes arbres
les mieux venus et les mieux exposés, et quelques épis
d'un terrain remué et expurgé par moi à l'avance,
dont vous retirerez pour votre faim les grains si remplis et d'une si agréable saveur; avec cela, passez
votre chemin et épargnez-moi les plaisantes sornettes
de votre paresse; allez choisir un terrain et travaillez
comme moi, ou disparaissez de ce monde pendant
4000 ans jusqu'à votre résurrection dans l'esprit dé-
traqué de ce que l'on appellera un *communiste*.

Non, disent d'autres, le droit n'est pas si vague,
si général, et voilà une propriété légitime, nous le
reconnaissons; mais, à la mort du propriétaire, elle
doit rentrer dans le domaine public. Eh quoi! pour-

rait aussi dire le même propriétaire à ces étranges raisonneurs, est-ce que mon œuvre s'anéantit? est-ce que je l'emporte avec moi dans la mort? est-ce que le terrain que je me suis approprié reprend aussitôt sa virginité sauvage? est-ce que moi-même je ne me continue pas dans mon enfant? est-ce qu'il n'est pas aussi mon œuvre celui-là, et bien plus que mon œuvre, mon image? est-ce qu'il n'est pas le dépositaire que je me suis efforcé, avec une si constante et si tendre sollicitude, de rendre le plus fidèle possible de mes manières, de mes mœurs, de mes idées et de mes projets? est-ce qu'il n'est pas mon remplaçant? Qui donc a plus de titres, a autant de titres; qui donc hors lui a le moindre titre au fruit de mes travaux? Ces ineffables jouissances que j'ai ressenties à songer, qu'en disposant et ornant à l'avance la place de mon enfant sur la terre, je lui épargnerais les difficultés que moi, j'y ai rencontrées; les joies que cette pensée m'a causées à chaque perfectionnement atteint, seraient-elles trompeuses? Mes souhaits paternels seraient-ils vains? mes plus chères, mes seules espérances terrestres seraient-elles déçues? Les leçons d'une expérience acquise au prix de tant d'efforts infructueux et de tant de peine, seraient-elles inutiles? Tous ces soins, toutes ces privations de paternelle prévoyance, tous ces arrangements, toutes ces fatigues, allégées par l'idée de leur but et par l'espoir, tout cela n'aurait servi qu'à me préparer la torture du déchirement de mon cœur à l'instant de ma mort; tout cela ne devait aboutir qu'à une insolente confiscation de mon bien au profit d'un parasite? Un inconnu s'enrichirait de ma dépouille! Oh! barbares! oh! effrontés! arrêtez : je vais supplier Dieu de me ramener aux commencements de ma vie, et là, au lieu de tous ces produits, qui trahissent si évidemment une intention plus durable que moi, je me bornerai cette fois aux tristes et faibles soins de ma commodité personnelle ; je renoncerai facilement au désir de faire venir une autre créature participer au marasme de cette languissante existence sans but, sans avenir, sans nul attrait au cœur. Avant ma mort, puisque je suis à moi seul la fin et le commencement de mon œuvre, je la détruirai et la disperserai en débris sur cette terre à laquelle je ne dois pas, je ne peux pas laisser le moindre souvenir, et en expirant, la désolation et le dégoût dans l'âme, je vous citerai au suprême tribunal du Créateur pour lui rendre compte des obstacles égoïstes que vous avez suscités au développement de son œuvre humaine et qui l'anéantiraient tout à fait s'il vous laissait pendant quelque temps le pouvoir d'exécuter vos détestables conceptions.

Par quels arguments, dites, Messieurs les socialistes, réfuteriez-vous et consoleriez-vous ce malheureux père? Je vous défie de motiver une seule des
vérités du monde que vous regardez comme les plus
évidentes et les plus inébranlables, sur des sentiments
et des déductions plus intimement et plus radicalement pris dans la nature de l'homme.

Sans la propriété et sa transmission héréditaire, la société se serait dissoute dès la première
génération ; et si vous parveniez à l'en priver
actuellement, ce qui ne sera pas, ce qui ne peut
pas être, elle s'éteindrait avec nos enfants. Même
en admettant que, dans la décourageante perspective d'une dépossession totale à sa mort, l'homme
voulût cependant engendrer, il n'y aurait pas de
famille, il n'y aurait que des générations successives sans filiation , sans lien d'affection entre
elles ; et , ainsi M. L. Blanc , en concédant la
famille sans l'hérédité, commet tout bonnement un
non-sens, car, comme on voit, l'une n'existerait pas
sans l'autre.

Mais, s'écrie-t-il ici : « Le pauvre qui , aujour-
d'hui n'a rien à laisser à ses enfants, le pauvre
a-t-il une famille ? répondez; s'il en a une, la famille,
même dans l'impur milieu où nous sommes, peut donc
jusqu'à un certain point exister sans l'hérédité; s'il

n'en a pas, justifiez vos institutions et hâtez-vous... la
famille ne saurait être un privilége.» Si certainement,
en humanité et en moralité, la famille devrait être un
privilége, celui seulement des personnes qui peuvent
suffire à en nourrir une, car il n'est dans le devoir
d'aucun d'avoir des enfants, mais il est dans le strict
devoir de chacun de nourrir ceux qu'il a mis au
monde. Évidemment ce ne sont pas les riches, totalement étrangers à la création des enfants du pauvre,
qui doivent être responsables de leur misère, c'est
celui-ci, c'est leur auteur seul, et eux ne sont tenus à
les secourir que par pur et gratuit sentiment de commisération et de charité. En général, chez le pauvre
qui, en dépit de ces considérations et de ces scrupules,
engendre, il arrive des naissances, mais pas de famille
proprement dite ; car on ne saurait appeler de ce
doux et si beau nom une agrégation de malheureux
petits êtres qui n'ont été désirés par leurs parents que
dans le but d'une barbare exploitation presque dès le
berceau, et qui ne sont prisés par eux qu'en raison et
en proportion de leur utilité et de leurs produits.
Y a-t-il quelque chose de plus hideux ! mais les socialistes ne sauraient se résoudre à maculer la robe d'innocence de leurs idoles ; il leur est plus commode et
plus profitable de charger, en masse, de tous les
maux et les méfaits, ces vampires de riches ; avec
cette imprécation sacramentelle, tout est dit ! elle dis-

pense de raisonnement, de justice et même d'humanité effective.

D'autres pauvres, sans doute, se marient sans ces
exécrables calculs, par irréflexion ou par complexion
affectueuse ; mais ceux-ci ne seraient-ils pas au déses-
sespoir, de penser qu'après leur mort on viendrait
arracher à leur enfant le chétif ameublement de leur
mansarde, les quelques sous de leurs dernières journées ou de leurs tristes économies, l'image sainte
qui doit perpétuer le souvenir paternel ? Et même
chez ce premier mauvais pauvre, pour peu qu'il lui
reste ou qu'il lui survienne quelque indice des sentiments et des instincts affectueux qui constituent la
famille, ne sera-ce pas par ce désir de transmission
de ses bribes à sa progéniture qu'il le témoignera ?
Philosophes socialistes, osez-le nier et interrogez-le ;
s'il dit que non, je vous défie, au nom de la conscience,
de ne pas le prendre en dégoût.

Un sentiment ne se mesure pas à la quantité de
ses moyens de manifestation, et celui dont il s'agit
ici existe aussi ou plus énergiquement au cœur de ce
prolétaire qui n'a que quelques piteuses nippes à lé-
guer à son fils, que chez cet opulent financier qui
laisse au sien des millions. Nous pouvons donc dire
qu'à tous les degrés de l'échelle sociale, dans le
bouge comme au château, la conscience du droit
d'hérédité est incrustée chez l'homme d'une manière

essentiellement connexe avec la famille. Il est donc fondamental du bon ordre social ; et cela est si vrai, qu'à bien considérer, tous ceux qui attaquent le droit de propriété ne le font que par dépit d'en être privés et par espoir d'en acquérir ; au point que les hommes pratiques du parti si étrangement appelé socialiste, ne peuvent prendre leur doctrine que comme une arme de brèche et de démolition à l'usage de ceux qui, aujourd'hui, ne possèdent pas, contre ceux qui possèdent. D'après la violente âpreté qu'ils déploient pour atteindre à l'objet de leur convoitise, on peut juger de leur ténacité féroce à le couvrir et le garder après la victoire ; aussi, si par impossible ces assaillants parvenaient à entrer dans la place et à en être les maîtres discrétionnaires, M. Blanc et consorts éprouveraient, s'il leur serait possible de les en dessaisir ou d'en dessaisir leurs enfants au profit d'un être de raison, serait-ce de la fraternité générale ; à supposer que ces tacticiens eussent l'extravagante naïveté de leur en faire alors même la proposition ? Il ne s'agit donc dans tout cela que d'un déplacement de personnes, et même presque toujours de quelques personnes seulement ; du déplacement des chefs du pouvoir établi, au profit des principaux meneurs de la rébellion.

Quand la propriété et sa transmission héréditaire sont ainsi justifiées dans leur principe, ce n'est plus un combat sérieux que celui qu'on prétend livrer avec leurs inconvénients. Il ne s'agit pas de savoir, comme veut le faire croire M. Louis Blanc, si quelque coquin, en vue de la succession paternelle, comptera avec impatience les jours de l'homme qui lui a donné la vie ; il s'agit de savoir si ce calcul est naturel et conforme aux lois des sentiments filiaux , et il n'y a pas d'honnête homme au monde qui ne crie de son plein cœur, non ! Ce résultat est dans l'essence de l'hérédité, comme le mal est avec le bien dans l'essence de toute chose humaine ; comme le parricide est dans l'essence de la paternité ; comme le vol est dans l'essence de la propriété ; comme les doctrines délétères sont dans l'essence de la science. Mais ce mal n'est la conséquence un peu générale de l'hérédité , que dans des siècles comme celui-ci où l'on enseigne et l'on habitue à chercher le bonheur dans le bien-être seul ; où l'on a rompu tous les liens moraux naturels pour les remplacer par des liens de convention politiques, égalitaires ou socialistes. Ce n'est donc pas l'hérédité qu'il faudrait supprimer.

« Quand le riche, dit encore M. Louis Blanc, criait au noble, qu'avez-vous fait ? vous vous êtes donné la peine de naître ? Le noble n'aurait-il pas pu répliquer en s'adressant au riche par héritage : Et vous ? » Mais tous les deux, en s'adressant à l'ouvrier

qui croit avoir droit à tout par cela seul qu'il n'a
rien, ne peuvent-ils pas lui dire à lui aussi : pour être
si insolent et à si hautes prétentions, qu'avez-vous
fait ? naître ouvrier.

Laissons donc, de part et d'autre, ces répliques qui
peuvent être des épigrammes mordantes, mais qui
ne sont pas des arguments Si l'on recherche le mérite, l'ouvrier n'en a pas plus à naître ouvrier que le
riche à naître riche, que le noble à naître noble ; car
il n'a dépendu d'aucun d'eux de choisir son degré.
C'est à partir de là que le mérite personnel commence,
et j'avoue qu'il est plus méritoire à un pauvre qu'à
un riche de rester honnête homme, parce que sa
vie est soumise à plus de privations, à plus de difficultés, et par conséquent à plus de rudes tentations
de mal faire. Mais le triomphe de l'ordre et de la
moralité lui donne, ici-bas même, de belles compen-
sations, la santé, le bien-être (*) souvent, la paix et la
juste fierté de l'âme toujours, et il n'y a que les pernicieuses doctrines philosophiques et socialistes qui,
en étouffant ou faussant sa conscience, puissent lui
faire désespérer d'un parfait dédommagement dans
une autre vie.

Quand même il n'y aurait que la justice de
cette rémunération finale pour motiver l'immor-

(*) La misère regarde souvent à la porte d'un homme laborieux, mais
n'ose pas entrer, dit quelque part FRANKLIN.

talité de l'âme et l'existence d'un juge souverain,
ces deux magnifiques vérités en seraient suffisamment prouvées : « Les bons et les méchants disparais-
sent de la terre, mais à des conditions différentes ...
Non, Chaumette, non, la mort n'est pas un som-
meil éternel ; la mort est le commencement de l'immortalité, » a dit Robespierre lui-même.

Il faut encore tout l'aveuglement de la com-
plaisance de M. Louis Blanc envers ses élucubrations matérialistes pour lui donner la malheureuse
idée de railler des paroles aussi profondes de
sentiment et d'observation, que les suivantes de
M. Guizot : « Notre nature porte en elle-même un
mal qui échappe à tout effort humain ; le désordre est en nous, la souffrance inégalement répartie
est dans les lois providentielles de notre destinée. »
Voilà donc leur philosophie ! s'écrie avec une plai-
sante indignation notre réformateur, à ces lignes
dont il a été incapable de comprendre la portée ;
« philosophie désespérante s'il en fut ; mais du reste
bien appropriée à un régime qui consacre les angoisses
de la foule. » Non pas, monsieur, philosophie désespérante ; bien au contraire, philosophie d'espoir,
mais d'espoir en autre chose qu'en la vie matérielle,
nécessairement décevante dans toutes ses positions ;
philosophie qui ne consacre les angoisses de personne,
mais qui en constate l'existence fatale dans l'huma-

nité ; philosophie qui, dans la doctrine catholique, que vous avez le triste courage de critiquer à une de ses plus belles pages, appelle si justement *souffrance méritoire* celle que l'ouvrier supporte plutôt que de se laisser aller à piller et à massacrer son prochain ; philosophie qui aime mieux encore qu'il y ait des pauvres que des voleurs ; qui console, tranquillise, soulage les premiers et flétrit les seconds.

Ne voyez-vous pas, nous dit un peu plus loin le même auteur, avec l'arrogance et la joie d'un enfant de la rébellion , ne voyez-vous pas que les révolutions qui ont passé sur nos têtes ont donné à ce peuple la conscience de sa force? Ne voyez-vous pas, répliquons-nous, qu'elles lui ont retiré la conscience de son devoir?

Eh , quoi ! dira-t il encore lamentablement, c'est du sein de ce monde heureux, c'est du fond des boudoirs dorés où se berce sa philosophie, qu'on nous adjure de ne pas faire appel au matérialisme des intérêts , quand nous demandons pour le pauvre la certitude d'avoir du travail, le pain quotidien, un asile , des vêtements , le pouvoir d'aimer et l'espérance ! » Non, monsieur, demandez cela, indiquez-en les moyens et poursuivez l'application , une fois que ces moyens auront été reconnus pratiques, efficaces, moraux ; mais n'insurgez pas, n'attisez pas la rage aveugle et la basse envie de la misère contre ces classes mieux partagées , en les montrant ici , pour

le besoin de l'effet exaspérant du contraste, regor-
geant de biens , de plaisirs , de bonheur, en face du
théâtre de toutes les privations ; quitte à vous contre-
dire plus loin (p. 26 et 96). Ainsi, vous bouleversez tout ;
vous augmentez, au lieu de diminuer, les désastres et le
nombre des malheureux ; vous dépravez les sentiments ;
vous n'améliorez rien et empêchez l'amélioration.

Et à la vue de cet effet nécessaire de vos doctrines , avec le témoignage de votre conscience
et de votre expérience qui doivent démentir vos
pernicieuses assertions, n'affichez donc pas si orgueil-
leusement , vous et les vôtres , la prétention au
monopole de la bienfaisance et de l'amour des malheureux ; car, je l'ai déjà dit, leur surcroît de misère
vient de vous ; l'allégement do lours peines venait
et viendra encore de ces riches et de ces propriétaires
que vous aimez mieux calomnier qu'imiter ou apprécier. L'esclave, dites-vous, c'est celui qui est en peine
de son vêtement, de sa nourriture, de son gîte ; c'est
celui qui dort sur les marches d'un palais inhabité ;
c'est le pauvre qu'on punit pour avoir tendu la main
à la pitié du riche ; c'est l'homme sans asile qu'on
arrête pour s'être appuyé sur la borne ; c'est le malheureux que la faim condamne au vol, en attendant
que la société le condamne au bagne ; c'est le père
qui envoie son jeune fils respirer l'air des filatures
malsaines ; c'est le fils qui envoie son vieux père

mourir à l'Hôtel-Dieu ; c'est l'enfant du pauvre qui entre dans un atelier à six ans ; c'est la fille du pauvre qui à seize ans se prostitue.

C'est juste, mais ce n'est pas complet : l'esclave encore et plus cruellement peut-être, c'est l'homme d'intelligence, de moralité, d'habitudes indépendantes, que vous menacez de l'étouffement dans une des cellules de votre prison sociale ; c'est le riche que vous menacez du pauvre en révolte ; c'est l'industriel que vous menacez du pillage, de la perte de sa liberté et même de celle de sa vie, par les antipathies hideuses que vous soufflez contre lui au cœur des travailleurs ; l'esclave, c'est celui à qui vous faites envisager des chaînes pour prix des efforts bénévoles qu'il a faits en vue de rompre ou d'alléger celles de ses semblables ; c'est celui qui attend la mort de la main même qu'il a dégagée et la haine du cœur qu'il a nourri ; l'esclave, c'est le propriétaire dont vous troublez l'assurance dans son droit ; c'est l'homme que vous jetez dans la confusion et l'incertitude pour ses principes, pour ses croyances ; l'esclave, c'est le père qui a perdu toutes ses joies de famille, le respect de ses enfants révoltés ou railleurs ; c'est le père qui, au contraire, adoré des siens et les chérissant, a perdu tout espoir, toute tranquillité pour leur existence après lui, toute garantie même pour celle qu'il leur a procurée jusqu'à présent ; l'esclave sera bientôt tout ce qui a supériorité de fortune, d'intelligence, d'activité et de moralité parmi nous !

Oh ! il n'y avait pas besoin de toutes ces horreurs du génie du mal pour attrister les sommités sociales et leur faire désirer une vie meilleure ; il y avait bien assez pour elles aussi des souffrances inhérentes au passage de tout homme sur cette terre, et l'expiation de leurs fautes qui doit s'achever dans un autre monde et devant une autre justice, commence, et souvent rudement, ici-bas par les déceptions, les tortures ou les remords de leurs conséquences. Qui pourrait pénétrer dans le secret de l'âme ou seulement de la vie privée de ce que nous nommons un heureux, frémirait d'étonnement et serait plus pénétré de commisération que d'envie ; et sans supposer les tourments d'une conscience coupable, quelle amertume, quel sentiment d'insuffisance ne laissent pas après leur assouvissement les jouissances matérielles chez ceux qui ont pu les éprouver toutes ! La lie, entendons-nous dire à ces gens blasés, se rencontre immanquablement au fond de la coupe des voluptés sensuelles avant le désaltèrement complet. Et même après les nobles plaisirs d'un autre ordre, avec quelle ferveur ne voyons-nous pas les plus belles âmes et les plus hautes intelligences lever, de cette vallée de misères et de tristesses, leurs yeux brillants de foi et d'espoir vers les sphères éternelles ! Oh ! certes oui, la souffrance et l'insuffisance sont essentiellement dans les destinées terrestres; les joies parfaites ne sont qu'au ciel. Oh! oui, retirons nos frères de la misère; mais ne les abusons pas de la décevante idée d'un complet contentement par la possession des biens matériels: ils ne l'y trouveraient pas; ce n'est pas là qu'il est.

Pour revenir à la propriété, dont la convoitise est la source de tous ces mauvais sentiments et de toutes ces funestes doctrines, je dirai que son droit est absolu et qu'il n'y a de sujet à restriction que son usage, qui doit être réglé par la moralité du possesseur seulement, tant qu'il ne nuit pas directement à autrui; contenu ou ramené dans cette condition par la moralité et la loi, tant que l'individu peut avoir conscience du mal qu'il produit; par la loi seule, si le tort n'étant ni direct, ni immédiat, peut n'être ni aperçu ni compris par lui. C'est en dedans de ce cercle, au-delà duquel l'action individuelle deviendrait dommageable à quelqu'un, que se trouve le monde absolument personnel, l'espace où chacun peut exercer complètement son libre arbitre, son goût, ses fantaisies même, sans être justiciable que de sa propre conscience ou des effets de ses actes.

Voilà le champ de la vraie liberté, qu'il est impie de confisquer ou seulement de rétrécir, car il est marqué par Dieu même pour le théâtre du combat du bon et du mauvais génie de chaque mortel, des mérites et de la gloire finale de celui-ci, si le bon triomphe; de ses expiations et de sa chute, s'il se laisse subjuguer par l'autre. L'œil des hommes y est superflu, car le plus clairvoyant des témoins y est sans cesse présent , et il sera à la fin le juge le plus équitable. L'homme est presque toujours inique ou partial à se substituer à lui : voyez, par exemple, ce socialiste, qui voudrait déposséder celui qui n'emploie pas assez bienfaisamment sa propriété, qui n'y travaille pas ; il n'est nullement disposé à déposséder de même l'ouvrier dont le salaire est dépensé en débauches au lieu de l'être à l'entretien de sa famille, et cependant, quel est le plus coupable? De celui-ci qui manque à un devoir sacré ou de l'autre qui seulement n'a pas l'inspiration d'un sentiment discrétionnaire ?

Et quant à ne pas travailler soi-même sur ses biens, c'est là un reproche d'ouvrier ignorant, entiché de sa partie, et aussi celui d'un auteur qui ne trouverait rien de mieux à faire de la Franee, si on la lui livrait, que de l'enfermer toute dans un atelier. Je ne m'arrêterai pas davantage à ce reproche, je ferai seulement remarquer que c'est dans l'espérance de pouvoir ne plus travailler un jour que l'ouvrier lui-même travaille tant.

Mais votre système, me dira-t-on, tend à développer l'intérêt personnel? D'abord cela n'est pas mon système, c'est celui de la nature humaine que je n'ai, moi, nulle prétention de remplacer; et, en définitive, où est le mal de ce développement? il faut ici s'entendre; s'il s'agit de cette misérable tendance à rapporter tout à soi, à réduire tout aux misérables proportions des soins de sa personne : c'est un sentiment rapetissant, répugnant ; c'est un principe de mort sociale ; c'est l'égoïsme. Mais s'il ne s'agit, au contraire, que de faire tout diverger de soi, de se prendre comme point de départ et non comme but ; c'est la condition et le moyen de l'expansion la plus ample et la plus variée du génie d'une nation, par la réunion de toutes les expansions individuelles, et c'est ce principe, entièrement moderne, qui donne à notre société une si grande supériorité sur les sociétés anciennes, si étriquées, si monotones, dirigées vers un but unique, hors des moyens duquel tout était condamné ou dédaigné comme étant du luxe. Aussi ce dernier mot, toujours employé emphatiquement et à faux dans des déclamations vertueuses qui sentent le collége, a-t-il dû changer de sens pour notre civilisation. Si l'on entend par là ce qui dépasse les moyens de fortune, c'est un excès, actuellement encore et en tout temps, condamnable ; mais, si l'on entend ce qui dépasse les nécessités rudimentaires de l'existence, ce qui la rend plus commode, plus agréable, plus artistique ; au lieu d'être rejeté comme anciennement, c'est au contraire aujourd'hui la base fondamentale de notre développement social. En effet, tout objet nouveau n'est-il pas une idée réalisée ? Le nombre et la grandeur des uns n'est-il pas en rapport direct avec le nombre et la grandeur des autres ? Et au lieu de restreindre notre grand pays aux étroites libertés des petits Etats, ne devons-nous pas, au contraire, nous trouver heureux que notre terre puisse renfermer tant de variétés, tant de branches différentes de commerce, d'industrie et d'arts ? Ne devons-nous pas nous glorifier à la vue de ce faisceau de connaissances, dont les innombrables et diverses branches s'élancent toutes, avec une belle vigueur, vers la perfection, et multiplient les sens de l'homme, ses plaisirs et ses forces ? Avec l'Olympe tout sensuel des payens, il y avait à craindre cette trop grande perfection terrestre qui aurait rendu leur autre vie inutile et ennuyeuse ; mais avec notre ciel, où les âmes s'envolent si déprises des choses d'ici-bas, tous ces progrès ne portent qu'à admirer de plus en plus Dieu dans l'infinie variété de son œuvre et à élever de plus en plus vers lui nos désirs et notre intelligence. Dans ces petits pays dont nous venons de parler, où les habitants sont tous placés sous les mêmes conditions d'intérêt, où les nécessités du sol et de la position déterminent évidemment l'unique route à suivre, tous ceux qui s'écartent de cette voie indispensable nuisent à euxmêmes et à la chose publique. Mais dans un grand pays varié de situations, de température, de modes de vivre et de prospérer, chaque division apporte à la masse commune ses produits, les y échange, et la richesse générale se forme de cet écoulement et de cette réciprocité, et se résume en un centre où elle fait briller les beaux-arts, où elle fait naître, vivifie, perfectionne les intelligences, où elle porte enfin au plus haut point la gloire et la splendeur de la nation. C'est le déploiement complet du génie humain ; c'est le magnifique spectacle de l'humanité en mouvement ! Ce n'est donc pas la moins bizarre de nos erreurs actuelles, que de prendre les anciennes idées républicaines comme les idées les plus progressives, les plus avancées, tandis qu'elles sont en réalité si en arrière de celles qui meuvent notre siècle et doivent mouvoir les siècles futurs.

Ici vient se placer le grand épouvantail de M. Louis Blanc, *la concurrence*, qu'il trouve plus commode de supprimer que de régler. C'est ainsi que procèdent ces grands réformateurs ; ils nient ce qu'ils ne comprennent ou ne sentent pas ; ils détruisent ce qu'ils ne savent maîtriser : c'est le propre de tous les incapables. La concurrence est un usage de la propriété qui doit être soumis à toutes les conditions règlementaires que nous avons indiquées, mais qui est pleinement libre aussi en dedans de leurs prescriptions. La concurrence effrénée, c'est l'immoralité, c'est l'anarchie, c'est le chaos de la misère ; la concurrence, limitée et ordonnée, devient la bonne émulation et la source des plus grands progrès.

Il n'entre pas dans mon plan de traiter cette question d'une application particulière de la propriété dans tous ses détails, mais je dois dire que je ne la trouve pas plus difficile à résoudre que toute autre question publique, avec l'aide de la moralité et de l'humanité dans le pouvoir, sans lesquels toutes ses œuvres seront, je le répète, partiales et vaines. La grande objection que M. Louis Blanc puise dans la maxime d'un des avocats qui plaidaient dans la cause des messageries, *qu'il est permis à chacun de se ruiner pour ruiner autrui,* ne serait forte que si cette maxime était juste, tandis qu'elle est exécrable et qu'elle n'a pu trouver place que dans une plaidoirie datant du régime de liberté et d'égalité moderne qui a perverti toute conscience chez les individus, et faussé toute saine notion de droit et de devoir, même chez les législateurs.

Cette fois encore, comme toujours, c'était l'abus de l'usage et non l'usage lui-même qu'il fallait supprimer. Dans cette cause particulière il me semble qu'il n'était pas si difficile de savoir à quel point de baisse des prix les grandes messageries étaient en perte, et par conséquent, où commençait leur intention coupable de nuire à autrui, et où l'action répressive de la loi juste et morale devait les atteindre ; car une pareille intention est essentiellement punissable, bien plus punissable évidemment, que le tort involontaire. Le principe général, en fait de légitimité d'établissement industriel, doit être que, dans les conditions ordinaires et probables, il puisse marcher en payant à tout employé le plus inférieur un salaire suffisant pour vivre honnêtement et proprement. S'il ne peut pas satisfaire à ces conditions, il faut le prohiber, l'empêcher de se créer ; de même qu'il faut réprimer toute tentative comme celle des messageries, tendant à réduire à cet état, par des manœuvres immorales ou frauduleuses, une entreprise qui, dans l'état de loyale concurrence, pourrait prospérer ou se soutenir. Avec ces règles de probité et de justice légales,. avec les doctrines de bonne moralité et d'humanité dans les cœurs, l'action, les études, la perspicacité personnelles sont capables de bien plus beaux résultats que des prescriptions générales quelconques et je ne craindrais pas la concurrence de tous les milliards du monde ; sans elles, quoi qu'on fasse, quelque révoltes qu'il y ait, quelque révolutions qu'on tente et qu'on détermine, on n'empêchera rien. Cette nation est perdue où l'homme n'est plus estimé qu'en proportion de sa richesse et non de l'usage qu'il en fait. Dans l'état actuel de la France, si exceptionnel et si critique, il n'y a qu'une planche de salut, c'est, après avoir repris tous les travaux possibles, de tourner vers l'agriculture les idées et les vues des jeunes gens et des ouvriers non employés.

Mais ce qu'il y a de plus bizarre dans le bizarre système de M. Louis Blanc pour tuer la concurrence; c'est qu'il ne la tue pas. A supposer un instant que les contribuables consentissent à donner par l'impôt une partie de leur fortune pour aider à leur retirer le reste, c'est-à-dire pour fonder les ateliers sociaux ; à supposer que ces ateliers trouvassent à se recruter volontairement avec cette égalité de salaire, qui base le gain sur je ne sais quelle égalité de droit et non sur la valeur de l'ouvrage, et qui ne peut faire le compte que des plus paresseux et des plus incapables ; à supposer que, dans les élections, ces travailleurs angéliques ne laissassent jamais le chef simplement capable pour prendre le flatteur, le hâbleur, le grand prometteur de merveilles au bout d'une bien moindre besogne ; à supposer que ces êtres modèles eussent constamment confiance dans la gestion, les prescriptions et les renseignements des chefs centralisateurs et directeurs généraux, et que ceux-ci ne fussent jamais tentés d'abuser de cette aveugle confiance; à supposer enfin tous ces miracles, qui trouveraient un écolier de sixième incrédule : où prendraient tous ces gouverneurs, tous ces génies tutélaires, la puissance d'arrêter la concurrence des autres nations, d'empêcher leurs nouvelles découvertes et leurs nouveaux perfectionnements, d'empêcher leur ligue pour abattre notre établissement colossal? J'invite l'école socialiste à résoudre cette difficulté ou à convertir le monde avant d'essayer leur trop sublime système.

Il n'existe d'excuse à de si étranges erreurs que lorsqu'elles proviennent de l'impression profonde et désintéressée produite sur le cœur par le spectacle déchirant des effroyables misères qu'endurent les classes inférieures, et par un désir plus ardent qu'éclairé d'y mettre un terme. La seule idée par laquelle on puisse croire un instant y parvenir, sans propriété ni hérédité particulières, est celle de la substitution de l'intérêt et du sentiment général et abstrait de la patrie, aux intérêts et aux sentiments privés. Mais cette illusion repose sur le manque total d'observations pratiques et sur la plus complète ignorance du cœur humain et des éléments qui peuvent y former le sentiment national ; car il est impossible de forcer un peuple à se passionner et s'intéresser pour des généralisations abstraites ; il n'y a que des intelligences exceptionnellement robustes, et déjà longuement exercées aux pures opérations de l'esprit et de la logique qui le puissent. L'homme en général en est incapable, parce qu'il ne peut bâtir et coordonner complètement dans son intelligence un édifice métaphysique considérable, ni surtout y garder l'incrustation bien nette et persistante de toutes ses parties et de leurs rapports. Il n'y a rien qui refroidisse tant que d'être obligé d'aller chercher un sentiment au bout d'un raisonnement aride ; la nuit surprend

presque toujours en chemin et celui même qui arrive
au but, oublie vite des impressions passagères auxquelles il a atteint si difficilement, et grâce seulement
à d'épuisants et opiniâtres efforts, qu'il n'a nulle
envie et qu'il n'aurait peut-être pas le pouvoir de
déployer de rechef. Il lui faut donc des sensations
immédiates et habituellement ressenties ou facilement
à sa portée par leur contiguïté, parce qu'il s'épanche
par rayonnement et qu'il est en général peu apte à
l'absorption. Sa méthode est essentiellement synthé-
tique et c'est la plus sûre ; car où est l'intelligence
pouvant envelopper *à priori* le monde humain ou
seulement une société, qui n'en est qu'une partie par
son étendue visible, mais qui l'emplit dans sa dilata-
tion, pouvant en retrouver et examiner dans son analyse
tous les phénomènes, toutes les idées, les sentiments,
tous les intérêts et les goûts dans leur infinie variété,
avoir toujours la multitude de leurs impressions pré-
sentes et conserver incessamment leur classement
relatif ? Il n'y a, il ne peut y avoir de complet analyste
que Dieu ; il n'y a que sa tête qui contienne l'univers,
et la pensée de le suppléer est à faire frissonner tous
autres que des philosophes socialistes, qui prétendent
superbement contraindre le monde à entrer dans
les étroites gaînes de leur conception et limiter
son expansion infinie aux parois de leurs cerveaux.
Aussi dans leurs créations que d'exiguïté, que
d'intérêts oubliés, que de manières d'être in-

comprises, que de choses ignorées, que de lacunes !

Leur œuvre dans l'œuvre du créateur est comme un point dans une sphère sans mesure ; mais comme un point sanglant, car la sensibilité de tête ne s'acquiert qu'aux dépens de la sensibilité de cœur, et il leur faut toujours estropier et mutiler l'humanité pour la faire pénétrer à force dans leurs moules.

L'exemple d'une armée, que prend M. Louis Blanc dans son livre pour appuyer son opinion, peut servir parfaitement, au contraire, à la réfuter et à en manifester les erreurs. « Mais quoi, s'écrie-t-il, est-ce qu'il n'y a pas dans tout intérêt collectif un stimulant très-énergique ? Est-ce que ce n'est pas à un intérêt d'honneur collectif que se rapporte dans l'armée la fidélité au drapeau ? Est-ce que ce n'est pas sous l'influence d'un intérêt collectif de gloire, qu'on a vu des millions d'hommes courir avec enthousiasme au devant de la mort ? » Non ; l'intérêt collectif est le produit, mais c'est l'intérêt personnel, de gloire personnelle, qui en est, en même temps, le composant et le stimulant. D'ailleurs, la gloire n'est pas, à proprement parler, un intérêt ; c'est un sentiment dont chacun possède en soi l'essence, et qui, par conséquent, influence et engage facilement tout le monde. Mais l'intérêt de la division de cette armée en brigades, en bataillons, en compagnies, en centre, en grenadiers, en voltigeurs ; l'intérêt des manœuvres qu'elle exécute, des batailles qu'elle livre, de la guerre qu'on fait avec elle ; cet intérêt général qui se ramifie et aboutit nécessairement à un effet intéressant chaque soldat en bien ou en mal, ce soldat en a-t-il l'intelligence? En a-t-il la conviction personnelle? Évidemment non ; il ne peut l'apprécier que par la part qui lui en incombe et aussi est-il exposé à prendre des résultats accessoires ou préalables pour des résultats définitifs, à juger du but sur des apparences trompeuses, du tout sur la partie. Il n'est donc soumis que par sentiment du devoir, et du devoir, qu'il ne regarde comme tel que sur la foi de principes traditionnels ou d'une autorité plus éclairée et plus expérimentée que lui. Dès que cette confiance disparaît, il se trouble, son devoir cesse de lui être clair, et ce n'est toujours que par confiance dans les prescriptions secondaires qu'il continue d'en accomplir les restes. Sans cela, livré à ses seules forces, il tombe dans l'anarchie des idées et des inspirations, dans le ballottement des résolutions, dans le désespoir. Et si, en cet état de confusion inextricable où son imagination frappée est éminemment accessible à toutes les impressions de frayeur panique, aux soupçons les plus extravagants, on a l'infamie de venir lui souffler des excitations et des idées de révolte, lui insinuer que ses chefs l'ont trahi, et ont eu l'intention perverse de le réduire à cette position misérable où il s'est mis lui-même, s'il n'y a été entraîné par la force des circonstances, lui promettre que son salut est dans la déposition et le meurtre de ces chefs qui doivent céder la place aux déclamateurs; le massacre hideux, le chaos sanglant commenceront aussitôt, avec l'activité frénétique et la barbarie du désespoir et des souffrances surexcitantes. Voilà précisément l'image de la situation que les doctrines socialistes, que vos doctrines font à la société; et vous prétendriez retenir et diriger l'homme par le devoir, lorsque vous lui en avez retiré la conscience, lorsque vous avez fait bien pis que de détruire sa confiance dans toutes les autorités qui le lui indiquaient, que vous les lui avez fait prendre en exécration ou en mépris; lorsque vous lui avez créé autant de devoirs que vous avez pu imaginer de systèmes différents? Votre entreprise est trop évidemment insensée.

En même temps que vous commettez une si énorme erreur sur la faculté de perception dévolue à chacun, vous tombez dans une autre aussi grande à propos des sentiments d'humanité que vous faites marcher et progresser précisément au rebours de la réalité et de la nature. Dans le fait, le sentiment est d'autant plus intense et plus chaud qu'il est près du foyer; d'autant moins vif et moins dense qu'il s'en é'oigne et que son rayonnement s'éparpille dans un plus vaste espace; ainsi il est naturel d'avoir sa plus forte concentration d'affection sur son père, ses enfants et, de là, par dégradation successive, sur ses autres proches, sur ses alliés, ses amis, ses compatriotes de la même ville, du même pays, sur ses nationaux, pour venir aboutir plus vaguement sur l'humanité en général. Et bien! vous niez ou vous prétendez changer diamétralement tout cela et amener l'homme à aimer d'autant plus qu'il a moins de fréquentation, de rapports d'habitude et de goûts; qu'il y a moins d'affinités et de sympathies dans les mœurs et les natures, moins d'immixtion d'existences et d'échange d'impressions; l'amener à s'enflammer souverainement pour l'humanité en général, pour des inconnus, des étrangers, par exemple des Africains noirs, non-seulement de préférence aux blancs, mais même à leur grand détriment, puis pour le national, en venant, s'éteignant et se refroidissant, atteindre à sa famille qu'il doit voir avec indifférence, et abandonner ou du moins ne pas chercher à avantager. Voilà ce que l'on appelle pompeusement du civisme; voilà les conditions moyennant lesquelles on nous épargnera l'accusation d'égoïsme! Où est donc le grain de bon sens de toutes ces extravagances, qui puisse leur donner prise sur des gens raisonnables et expliquer l'adoption que nous en voyons faire par un si grand nombre de personnes? Allez, mon ami, disait lord Chesterfield à son fils en l'envoyant voyager, allez voir avec quelle petite dose de bon sens on mène le monde! A cette époque, il paraît que pour peu qu'il y en eût, il y en avait cependant encore; depuis nous avons progressé, et tellement, qu'aujourd'hui plus la doctrine est insensée, plus elle conquiert d'enthousiastes.

Il y a deux sources principales à cette aberration : l'une, tout-à-fait intéressée , dans la propension que les coureurs de popularité facile ont à s'occuper de réformes générales et lointaines qui ne les touchent en rien (et dont les conséquences, si elles sont dé-astreuses, ne les atteindront point), ou bien de réformes spéculatives sans probabilités, sans apparences de réalisation , pour acquérir ainsi à peu de frais une grande et profitable réputation de philantropie ; l'autre dans la confusion , peut-être involontaire, que l'on fait et que j'ai déjà signalée à propos des intérêts, de ce qui a l'individu pour centre avec ce qui l'a pour but, de l'individualité avec l'égoïsme , ce qui est essentiellement différent.

De là, la prétention d'annuler l'action propre du *moi*, d'éteindre le foyer de sentiments et de conscience qui a été mis dans chacun de nous, pour contraindre l'humanité à aller les puiser à portion égale, au réservoir commun d'un être de raison imaginé par les idéologues à leur taille et à leur fantaisie ; prétention dont l'impossibilité ne retire pas l'impiété et la barbarie de l'intention; projet d'égalisation à la Procuste, devant lequel c'est bien le cas de crier à ces bourreaux : *l'homme vient au monde avec la faculté et le droit inaliénables de s'y développer par sa puissance et dans toute sa liberté individuelles.*

Du reste on aura beau vouloir et faire, on ne parviendra pas à anéantir l'appréciation personnelle; on ne parviendra pas, en définitive, à resserrer les limites que Dieu seul a assignées et aperçoit à l'expansion des individus et des sociétés, et la vraie splendeur des nations résultera toujours de la somme des splendeurs particulières qu'elles recèleront dans leur sein. « Les peuples ne durent, a dit excellemment Bossuet, qu'autant qu'il y a des élus à tirer de leur multitude; » et, dans l'ordre politique, c'était la même pensée de Bonaparte, lorsqu'aux conférences d'Amiens il disait à Fox : « Trois ou quatre hommes comme vous, et l'Angleterre serait la première nation du monde; » chez lui-même, pourquoi applaudissions-nous tant à toutes les preuves d'ordre, de grandeur, de clémence, d'ambition du moins noble et digne si elle était démesurée, qu'il a produites aux yeux et à l'admiration du monde? c'est qu'à l'éloge éternel de nos pères, tout Français d'alors, en consultant son âme, y trouvait ces mêmes sentiments, ces mêmes désirs glorieux, ces mêmes exagérations si séduisantes et était enivré de leur idéal interprète, de leur si magnifique représentant! A cette héroïque époque de notre histoire nos cœurs agrandis vibraient à l'unisson : une autre nation plus positive, moins impressionnable aux belles idées, moins magnanime que la France d'alors ne se fût pas, à ce point, émue d'un grand homme. La France d'aujourd'hui ne s'en émouverait plus autant; elle a, je le crains bien, et je le dis le cœur plein d'amertume, perdu la faculté de ces si pures, si dévouées et après tout si humaines inspirations. Hélas! pour elle, comme l'a dit le poète populaire, le temps n'est plus des trépas glorieux! et dans cette situation, il y a des barbares qui voudraient nous retirer jusqu'à l'espoir en l'avenir!

La société des socialistes reposerait donc sur trois erreurs monstrueuses : dans l'ordre des intérêts, dans l'ordre des idées, et dans l'ordre des sentiments; aussi non-seulement serait-elle impossible à réaliser, mais est-elle impossible à concevoir même rationnellement.

Or, quels sont les moyens et les conditions de restauration et de raffermissement de celle qui doit subsister, et qui est disjointe au point de donner place, et presque victoire dans son sein à de pareilles divagations?

Il est facile de les tirer de cet écrit et de l'exemple des misères et des révoltantes conclusions des systèmes qui s'écartent des principes éternels que j'y ai remis en lumière; je dirai donc aux hommes publics :

L'urgence est à faire rentrer dans leur lit et leur volume naturel ces ambitions débordées qui prétendent toutes à monter au pouvoir et qui croient parvenir également à sa hauteur en ajoutant proportionnellement l'immense développement de leur présomption aux médiocres dimensions de leur capacité. Vous avez trop exalté chez chacun le sentiment de sa force, enseignez-lui désormais à apprécier aussi le sentiment de sa faiblesse. Aujourd'hui personne parmi nous ne veut obéir, tous prétendent au commandement ; personne ne veut écouter, tous parlent et dogmatisent ; voilà notre malheur. La France est apoplectique d'orgueil. Détruisez tout ce qui reste encore de barrières, d'inégalités de privilége ; mais rendez à chacun conscience des inégalités constitutives de la nature même ; effacez de vos chartes tout mot équivoque, ce sinistre mot d'Égalité, gros de tous nos orages passés et futurs, que tous comprennent si mal, si funestement, sans en excepter des gens éclairés, monsieur Louis Blanc entre autres, qui, à la page 181 de son ouvrage, dit : « Ne savez-vous que d'un bout à l'autre de la société, ce cri magique d'*égalité* a retenti, qu'il a pénétré dans toutes les âmes, et qu'*il a éveillé des désirs jusqu'ici inconnus ?* » Refrénez ces désirs immodérés, ces désirs inconnus, trop connus aujourd'hui par tous nos malheurs ; enseignez que si chacun a droit à la même protection dans sa position sociale, chacun aussi doit commencer par s'en accommoder ; chacun doit s'y maintenir ou y être maintenu, à moins qu'avec les seules forces de son intelligence et de sa moralité, et non au moyen d'excitements éphémères, il soit capable de s'élever vers les sommets par les bonnes routes, qui seront toujours difficultueuses, mais qu'on a droit de voir complétement débarrassées d'obstacles et de retards purement conventionnels. Enseignez-à l'homme cette profonde vérité que le bonheur n'est pas dans la place qu'on occupe, mais dans la manière dont on la remplit ; que toutes les hauteurs sont égales devant Dieu, qui nous y a étagés, et qui nous y voit partout également, peut-être avec plus de sollicitude aux plus basses. Acceptez, si vous le voulez, la fraternité comme sentiment, non comme prétention ; ou, plutôt, laissez de côté toutes ces nouvelles devises, toutes ces fanfaronnades de notre vanité, tous ces symboles d'arrogance et d'ingratitude qui nous ont conduits où nous sommes, et remplacez-les par l'ancien cri de France si précis, si compréhensible pour tous, si sublime en même temps que si respectueux, si touchant dans sa simplicité : *Dieu et la justice pour tous, protection aux faibles et assistance aux malheureux!* Avant de donner plus d'instruction au peuple, refaites son éducation ! ne voyez-vous pas qu'elle s'est pervertie par toutes nos révolutions et tous nos révolutionnaires ? Que lui apporterait aujourd'hui plus d'instruction, sinon plus d'activité et d'habileté dans des voies détestables ? Vous connaissez les bons préceptes, nous n'en doutions pas, et, parmi d'autres hasardés, vous les mettez en tête de votre constitution future ; mais qu'en attendez-vous donc, tant qu'ils ne seront que là ? Gens incorrigibles ! toujours des mots et rien que des mots ! Pour que vos maximes obligent, ce n'est pas là, sachez-le bien, qu'elles doivent se graver, c'est dans les cœurs ; elles n'y sont point et vous n'avez pas, personne aujourd'hui en France n'a assez d'autorité pour les y faire pénétrer. C'est cette autorité qu'il faut donc d'abord et indispensablement recouvrer, et, si vous y parvenez, ce sera, soyez-en convaincus, non par un appel à la mémoire, mais par un rappel à la conscience ; non par de la philantropie dans les livres, mais par de l'humanité dans les actes ; non par des richesses en projet, mais par du bien-être en effectif ; non par des phrases qui restent des phrases, mais par des faits ; non par ces éloges exagérés, ces adulations de la peur ou de la bassesse au tyran du jour, qui le perdent et dépravent de plus en plus son jugement, mais par la véracité, par plus de dignité dans les caractères et de tenue dans la conduite ; car ce sont les nations qui meurent, lorsque les individus, à tout prix et sous toutes conditions, y tiennent à vivre ; non par tant de recommandations, aujourd'hui vaines, parce qu'on les croit simplement intéressées, de respect à vos décisions, mais par l'exemple de celui qu'on vous verra porter vous-même à des autorités et des principes de supériorité immuable ; non par un sot dédain de tout ce que firent et pensèrent nos pères, mais par la reconnaissance et l'adoption de leurs résultats acquis et des admirables modèles qu'ils nous ont laissés, par des hommages sincères pour ce qui a été honorable et beau de tous temps et sous tous les régimes ; non par une indifférence tristement superbe pour les saintes croyances, mais par une foi profonde et un espoir senti en Dieu. Le retour des premiers rangs de la société à la moralité, la remoralisation du peuple français, voilà la grande œuvre de l'époque et pour cela nous avons tous à revenir en arrière, les uns pour y retrouver des principes, les autres de la modestie et de la docilité ; nous avons tous à reconnaître que nous avons dévié, les uns en allant trop loin, les autres en cédant la place sans cœur, sans noblesse. Rentrons tous à nos postes, tenons-nous y fermement, mais consciencieusement, et la France est sauvée ; la France, rassise chez elle, brillera encore sur le monde comme le resplendissant phare des destins de l'humanité. Sans cela, avec l'ignorance et l'endurcissement ou la mollesse du cœur chez les uns, l'arrogance et la révolte chez les autres, le culte du veau d'or chez tous, quoi que nous fassions, quoi que nous imaginions dans les formes, nous sommes perdus ; nous périrons soulevés les uns contre les autres au sein de notre mère dont nous déchirerons les entrailles dans de hideux combats, et nous ne léguerons à nos enfants qu'une patrie en ruines, que des monuments dispersés, que des mémoires maudites ; que le deuil éternel d'une magnifique nationalité disparue à porter et nos ossements à rechercher dans l'immense fosse commune de nos discordes civiles. Dieu sauve la France ! Dieu nous sauve de nos propres fureurs !

TROISIÈME PARTIE.

DU GOUVERNEMENT.

Je ne sais rien de plus triste que notre prétention
actuelle de remplacer, par une espèce d'hôtellerie
ouverte à tout venant, le temple séculaire du pouvoir
et de l'autorité que nous avons démoli aux cris d'une
joie sauvage, après en avoir chassé pêle-mêle les faux
et les vrais prêtres, les dieux mauvais et les dieux
tutélaires. Je gémis d'avoir vu le peuple, avec
l'aveuglement habituel de ses satisfactions, poser en
vainqueur sur son œuvre de ruines, ne soupçonnant
pas que ce n'était pas seulement les chaînes brisées
du despotisme qu'il traînait, mais aussi celles alour-
dies et multipliées des misères de ses enfants qu'il
venait de river à son char de triomphe ; ne soupçon-

nant pas que dans ce vieil et bel édifice de la puissance publique, se trouvait le palladium de ses vraies libertés, et qu'en le renversant, il marquait au pied de ses lambeaux, la place des luttes sanglantes d'une longue suite de générations.

C'est aujourd'hui, plus que jamais, le moment de dire à ce peuple, autant de fois désabusé que séduit, autant de fois plus accablé et plus opprimé que victorieux, qu'il n'y a pas de bonne révolution par les armes; car un pouvoir conquis n'est pas un pouvoir gagné, tant s'en faut; et la plupart du temps, on ne voit chercher à le prendre ainsi d'assaut que ceux à qui la conscience de leur incapacité ou de leur indignité indique qu'ils ne sauraient y parvenir autrement. C'est donc le plus souvent un simple changement d'individualités mauvaises par d'autres pires encore, et c'est ce qui fait qu'il n'y a pas de gouvernement établi et habitué à la pratique des affaires, quelque défectueux qu'il ait été d'ailleurs, que son successeur par violence ne se charge vite de faire regretter.

Celles de ces révolutions mêmes que l'on entreprend en faveur de droits méconnus ou de grands intérêts lésés, se font trop chèrement payer à la commune patrie; car, après la victoire, elles sont toujours exploitées presque à discrétion au profit des vainqueurs: en 1793, au profit du bas peuple; en 1815, au profit des ultrà-absolus ; en 1830, au profit des bourgeois et des spéculateurs ; d'où nous voyons que toutes les conquêtes en politique ne sont que des triomphes de parti, et que les résultats vraiment nationaux ne peuvent s'obtenir que par concert et point par antagonisme.

Non ! et la conscience de chacun doit enfin suffire à le lui indiquer ; non ! la voie du vrai progrès ne saurait être tracée dans le sang et jalonnée de cadavres ; non ! il n'y a pas de révolution violente légitime en soi, et c'est bien assez de la possibilité de légitimation de quelques-unes, en considération de leurs produits généraux définitifs. Ce sont des remèdes héroïques qui ne se justifient que quand ils sauvent le corps tout en le mutilant, et encore n'est-on parfois excusable d'y avoir recours que dans les cas les plus extrêmes et dans l'ignorance des remèdes réguliers qui, immanquablement, existent. Voyons l'histoire, les révolutions y ont plus tué que sauvé d'empires, et leur fréquence a toujours été un symptôme de rapide décadence et de ruine prochaine.

Ce qui rend encore plus effroyable et plus désastreuse, chez nous, l'admission du principe d'insurrection, c'est qu'avec notre centralisation excessive, dans une ville populeuse et manufacturière, et par suite, toujours garnie d'un grand nombre d'intrépides

bandits ou de malheureux mécontents, le renversement du pouvoir peut n'être que l'affaire d'une
surprise, d'un audacieux coup de main, dont la
province a accepté ou subi jusqu'ici le succès avec
une étonnante docilité. La facilité de ces entre-
prises pour lesquelles il ne faut que des armes,
de la tactique et de l'à-propos, sans nulle preuve
d'intelligence politique ni de moralité, excite à les
renouveler continuellement et d'autant plus délibérément, qu'avec le principe admis, l'échec de la
tentative ne prouve pas contre sa légitimité ; il ne
prouve que la faiblesse numérique ou l'insuffisance
des moyens et des dispositions d'attaque, et ce n'est
que partie remise à meilleure occasion !

Chose hideuse ! ce magnifique pays de France,
son gouvernement, ses richesses, ses forces, ses tri-
bunaux, ses temples sont aujourd'hui à la merci d'une
barricade bien ou mal défendue ! et c'en est arrivé à
ce point incroyable que l'occupation d'attaquer le
pouvoir constitue à elle seule un métier comme un
autre ; que dis-je, plus prisé qu'un autre, et parfois
immensément plus lucratif, puisqu'il peut faire parvenir à la première puissance ; on y avoue hautement
sa vocation, et, à la demande de leur profession,
beaucoup maintenant se contentent de répondre
fièrement, *conspirateur* (*).

____

(*) On les réduit, sans doute, le plus souvent, quand on est sur ses

« Nous marchons de crimes en amnisties et d'amnisties en crimes, s'écriait Vergniaud, navré des conséquences de ces pernicieuses doctrines de rébellion qu'il avait lui-même d'abord approuvées et propagées avec une si imprudente ardeur ; un grand nombre de citoyens en est venu au point de confondre les insurrections séditieuses avec la grande insurrection de la liberté, de regarder la provocation des brigands comme les explosions d'âmes énergiques et le brigan-

gardes et qu'on ne se laisse pas niaisement endormir par leurs protestations d'innocence et leurs faux semblants de philantropie, qui ne sont que des ruses de guerre ; mais c'est l'erreur constante et funeste de tous les pouvoirs assis de croir. la lutte finie avec leur dernière victoire , tandis qu'elle n'est qu'ajournée et qu'en silence elle reprend des forces de toutes les nouvelles fautes, et se recrute de tous les nouveaux mécontents. Des coups de fusils ne tuent pas le droit qu'on croit avoir, ne tuent pas les idées qu'on émet en symbole; au contraire, les plus exécrables trouvent une certaine fécondation et une certaine auréole dans le sang de leurs sectaires. Il n'y a pour vaincre le faux droit que la démonstration et l'enseignement du vrai ; il n'y a pour anéantir de mauvaises idées qu'une discussion libre, que la lumière de l'évidence éclairant leurs erreurs, que l'antagonisme des bonnes. Il en est de tous les faux systèmes comme de certaines grenades d'artifice ; en les comprimant on les fait éclater avec grands ravages d'explosion ; en les entr'ouvrant, on analyse impunément les secrets de leur composition et on en détruit les effets. Aussi doit-on pressentir que je suis pour la liberté de la presse la plus complète, tant que ses prédications ne seront pas immorales et tant qu'elle ne visera pas à l'escalade du pouvoir ou qu'elle ne tendra pas à y faire une brèche par où elle puisse s'y précipiter par surprise. Pour le salut de tous, l'édifice du pouvoir doit être et rester inexpugnable à toute attaque de vive force, et l'on ne doit pouvoir y entrer que par la grande porte à la vue de la nation entière.

dage même comme une mesure de sûreté générale. »
Il n'y avait là rien qui dût étonner un homme judicieux !

Dans l'arène des luttes, où est le signe certain de
démarcation? qui le posera et qui ne se croira le droit
de le poser à son tour? qui aura autorité pour le
faire respecter? la majorité, disent fièrement quelques-uns des conservateurs du jour, séditieux de la
veille, qui ont vite oublié ce qu'ils pensaient alors
de ce même moyen et comment ils en suspectaient
et déclinaient le témoignage; quel est le pouvoir
établi ou parvenu qui n'a pas eu une majorité en
France? les Girondins l'avaient encore quand
Vergniaud, leur chef, prononçait les paroles précédentes; le lendemain c'étaient les Montagnards; le
surlendemain les Directeurs; Bonaparte l'a eue;
Napoléon l'a eue; les Bourbons en 1814; Napoléon
dans les cent jours; les Bourbons de nouveau en
1815 jusqu'en 1830 l'ont eue; depuis lors, Louis-
Philippe l'a obtenue à son tour pendant dix-huit ans,
et plus nombreuse que jamais au moment de sa
chûte. Oui, dites-vous, mais ces majorités étaient
factices, la nôtre seule est la bonne, — cette prétention a été aussi celle de tous les gouvernements que
je viens de citer — ces majorités étaient partielles,
insuffisantes; nous, nous avons employé le suffrage
universel; — mais Bonaparte consul, Bonaparte em-

pereur l'a employé aussi ; — oui ! Mais il avait été faussé, influencé ; — oh ! et le vôtre, qu'en dit-on ? qu'en disent même la plupart d'entre vous, précisément les vrais soldats de la victoire ?

Le suffrage universel aussi peut donc être vicié ? Ses indications peuvent aussi être inexactes ou mauvaises ; non-seulement une partie, mais l'universalité n'est donc pas infaillible ? Cruel aveu, qu'avec quelque bonne foi vous eussiez fait avant février, ou conviction tardive que vous auriez depuis longtemps acquise avec plus de discernement politique et moins d'outrecuidance.

Que conclure de cela ? Qu'il faut rejeter toute indication de majorité, qu'il est oiseux de consulter le pays ? A Dieu ne plaise, mais seulement qu'il y a des indices de la justice et du droit plus sûrs que ceux du nombre quel qu'il soit ; qu'il y a de grands principes planant sur l'humanité entière et que les majorités, les nations même doivent subir, car nul n'est souverain en face du souverain suprême ; nul n'a autorité contre l'autorité de la toute-puissante sagesse. Il ne faut donc voir, même dans les meilleures et les plus exactes de ces majorités, que ce qu'elles ont, ce qu'il leur est donné d'avoir en elles : l'image fidèle d'un pays qui peut être égaré ou confus.

Mais, en ce sens, leur signification est si précieuse que c'est le plus grand des crimes que l'on puisse

commettre sur une nation que de tenter de la faus-
ser, parce que pour cela il faut corrompre, il faut
tuer la vie de la conscience, seule intuition que nous
ayons ici-bas de la vie parfaite et éternelle ; il faut
infuser dans les veines le lourd et perfide poison des
jouissances physiques, qui éteint la vive ardeur des
voluptés morales et la perception des vérités immuables, qui étouffe l'âme, ses élans, ses espérances, ses clartés, sa foi, dans les mollesses et les
plaisirs opaques du corps et qui affaiblit notre vue
au point de limiter son horizon à celui, si court et
si aride, de notre existence terrestre ; enfin, parce
que cette falsification empêche l'homme d'État, véritablement digne de ce beau nom, l'homme capable
d'être le grand résumateur de cette encyclopédie de
la situation que l'on appelle chambre, de recueillir
des notions exactes et complètes, des impressions
justement proportionnées des vœux et des besoins du
pays sur lequel il est salutaire qu'il agisse.

Celui qui se borne à dominer une représentation mu-
tilée ou falsifiée, ne gouverne pas la nation et n'est
réellement qu'un chef de bande ou, tout au plus, un
chef de parti ! L'importance d'une bonne Chambre
est donc capitale et, en pensant à l'aide, aux garan-
ties et à l'ampleur de coup-d'œil qu'elle procure aux
gouvernants, on ne pourrait pas croire à la peine,
en définitive toujours inutile, que la plupart se don-

nent pour la corrompre, si l'on ne savait par expérience jusqu'où peuvent aller l'aveuglement et l'opi-
niâtreté des hommes systématiques et combien ils
sont enclins à ne voir la nation que par les yeux
auxquels ils sont parvenus à faire prendre la même
direction étroite et les mêmes voiles que les leurs.
L'entêtement dans sa propre infatuation, voilà le
plus ordinaire et pourtant le plus désastreux écueil
d'un personnage politique.

Je suis donc pour le système électoral à la plus
large base, non parce qu'il donne les meilleurs
produits, car il y a une grande différence entre être
le mieux, et être le plus représenté; non parce qu'il
est le plus populaire, car la vraie popularité d'un
gouvernement ne consiste pas tant à y faire participer tout le peuple qu'à tirer de lui ses éléments directement, sans privilèges ni obstacles fictifs; mais
parce que si les votants peuvent y être abusés et
séduits, ils ne sauraient, du moins, y être en masse
achetés. Je ne vais cependant pas jusqu'au suffrage universel que je trouverais simplement inutile,
s'il n'était prétentieux et si je n'y voyais une adula-
tion d'un détestable esprit pour le bas peuple. La
multitude ne pense ni ne voit rien par elle-même en
politique et y subit absolument la direction de ses
influences immédiates, qui, elles non plus, n'ont
d'horizon qu'en proportion de la hauteur de leur

point de vue social ou intellectuel. La véritable
question ne descend donc jamais parmi le peuple,
proprement dit. Elle reste chez ceux qui ont
action sur lui, de qui il prend ou reçoit son
mot d'ordre. Ainsi avec une liste électorale qui
comprendrait toutes ces influences, le déplacement
des masses deviendrait une opération oiseuse, et
c'est ce qui a évidemment paru aux dernières élections.

Du reste, si l'on tient à persister dans le mode com-
pliqué actuel, je l'accepte très-volontiers après ces observations. Les produits de cette sorte d'élection seront
une chambre moins éclairée, moins capable, mais plus
nombreuse que les précédentes et ainsi plus difficilement corruptible, ce qui est devenu malheureusement chez nous le danger capital. D'ailleurs
on se fait en France d'étranges illusions sur les effets
de la participation du plus grand nombre à la nomination des députés; ces effets sont souvent le contraire
de ce qu'ils sembleraient devoir être et j'en peux prendre un exemple frappant en Angleterre, à l'époque
de sa réforme électorale.

Chacun se rappelle qu'auparavant il y avait dans
le recueillement et le nombre des suffrages suffisants
à la nomination d'un député des différences et des
anomalies tellement choquantes qu'elles étaient parfois très-ridicules; ainsi, par exemple, des villes de

cent mille, deux cent mille âmes comme Man-
chester, Birmingham, n'en nommaient point, tandis
que des hameaux en nommaient plusieurs, et que
dans certains bourgs pourris composés d'une seule
maison, le maître se nommait lui-même en famille. La loi de réforme mit fin à ces irrégularités
vraiment monstrueuses ; eh bien, que s'ensuivit-il
aux élections? Le parti libéral y perdit vingt voix!
tant il est vrai que le discernement politique n'appartient pas aux masses.

La réforme anglaise ayant transporté les élections
des bourgs pourris aux centres manufacturiers, les
avait mises au pouvoir des chefs d'industrie qui,
par intérêt et par direction habituelle de leurs idées,
ne sont jamais ni très-libéraux ni très-réformistes.

Mais qu'est-ce qui sauve l'Angleterre en dépit de
toutes ces étrangetés, en dépit des scandales de ses
polls électoraux où les suffrages sont littéralement
achetés à beaux deniers comptants? c'est que les
hommes qui ont ainsi acheté ne sont pas eux-mêmes
à vendre ; c'est que les députés sont des gens indé-
pendants, et non, comme chez nous, de tristes hères,
de pauvres nécessiteux tout prêts à demander au pouvoir l'aumône d'une place et à passer par où il plaira
pour l'obtenir et la garder; c'est que dans ce pays si peu
rempli de fonctionnaires vivant uniquement du budget,
de spécialités purement bureaucratiques et administra-

tives, les assemblées ont une signification plus essentiellement politique. Si les idées n'y sont peut-être
pas aussi élucidées que chez nous, elles y sont beaucoup plus pratiques ; s'il n'y a pas autant de talents
ressortants que dans nos chambres, il s'y trouve, en
salutaire revanche, bien autrement de bon sens pour
juger les projets, l'effet des doctrines et le but des
tendances de ces supériorités. On n'y est pas si facilement enthousiaste, mais on y est beaucoup moins
souvent dupe ; on y est moins admirateur de la forme,
mais aussi y aperçoit-on plus nettement le fond ; on
n'y est pas si brillant, mais on y est plus digne.

Quand on compare les débats des chambres anglaises à ceux des nôtres, la tenue de leurs orateurs
en face de leurs collègues ou des représentants du
pouvoir à celle des nôtres dans les mêmes circonstances, quel rapprochement ! quelle leçon ! Dans la
chambre des communes, à très-peu d'exceptions près,
on sent qu'on est au milieu d'hommes qui se respec-
tent mutuellement et qui s'honorent de respecter
tout spécialement les dépositaires de l'autorité. Prenez eux et nous dans une circonstance analogue, dans
une interpellation aux ministres : on a pu remarquer
qu'en Angleterre, pour être dispensé d'y répondre,
lord Russell et plus particulièrement sir Robert Peel,
quand il préside les affaires, n'ont besoin que de
déclarer à la chambre qu'ils pensent que dans le mo-

ment la réponse et les développements auraient des inconvénients pour le pays et d'inviter le motionnaire à retirer sa proposition ; celui-ci la retire en effet sans autre explication, et tous se contentent. En France, le ministre refuse-t-il de répondre, aussitôt clameurs de s'élever, aussitôt son antagoniste de le harceler, de le presser, d'entamer les inductions, les suppositions, les soupçons sur les motifs et le but de son silence, et enfin, de l'amener souvent, pour prémunir le pays et l'opinion contre des interprétations injustes et funestes, à commettre des indiscrétions plus funestes encore et dont on se réserve de tourner plus tard les conséquences contre lui. Voilà l'esprit avocassier en action ! Voilà le génie d'amoindrisseurs et de démolisseurs du pouvoir que nous possédons si fatalement au plus haut point !

A qui la faute de cette différence si défavorable ? Aux deux parties : au ministre, qui a pu se résoudre une seule fois à sauver au prix de son honneur, sa politique, dont l'ignominie justement peut se mesurer à la nécessité du sacrifice et qui a pris la misérable habitude de faire de ses assertions, de ses réponses ou de son silence des coups de tactique ; à l'interpellateur, qui est plus souvent poussé par l'ambition et le goût de l'intrigue que par un désir consciencieux d'éclaircissements. Tristes ruses et contre-ruses d'ambitieux pourvus et d'ambitieux à pourvoir ; indigne jeu dont le pays est la victime et dont lui seul fournit les ruineuses mises !

Il est donc bon que nos chambres soient plus nombreuses que les Chambres anglaises ; et encore, quelque nombreuses qu'elles soient, elles seront gagnées, si les membres n'ont pas des principes solides de moralité, et si le pouvoir n'en acquiert pas. C'est là, comme à chaque instant nous sommes ramenés à le reconnaître, l'unique préservatif toujours efficace ; tous les autres sont impuissants ; tous les autres peuvent, au bout d'un certain temps d'action délétère du pouvoir, être neutralisés ; et les convoitises matérielles, les idées d'intérêt positif ont si profondément pénétré dans la nation, surtont pendant le dernier gouvernement, elles y ont tellement faussé les notions morales et amorti les réactions de la conscience que, si l'on n'y veille, le suffrage universel lui-même pourra bientôt en être totalement vicié ; et quelle est la nation la plus engloutie dans la boue, celle qui a pu être achetée ou celle qui a pu être dépravée tout entière ? L'option n'ose se faire entre ces deux horreurs, dont l'une, du reste, mène immanquablement à l'autre. Aussi dans la chagrine et scrutatrice solitude de la terre d'exil, quand arrivera pour nos proscrits le jour terrible, le jour nécessaire cependant des ressouvenirs et de l'examen, deux remords surtout viendront étreindre leur poitrine, deux fantômes tour-

menter leur imagination, celui d'une patrie en corruption et celui d'un pouvoir en avilissement. Tant
qu'il y aura des cœurs en France pour conserver
quelque chose des anciens sentiments d'honneur, de
grandeur et de renommée nationales, voilà ce qu'elle
ne pardonnera point au régime déchu, voilà ce qu'elle
ne permettra plus au régime actuel de continuer et
d'aggraver encore par ses hommes et par ses actes,
dès qu'elle se sera reconnue dans son trouble.

Dans la composition des Chambres françaises, l'élément industriel et surtout l'élément fonctionnaire, le
pire possible, ont dominé aux dépens de l'élément
indépendant et ont été les causes de la partialité de
leurs œuvres et de leur impuissance sur l'opinion
publique. Les fonctionnaires ne sont que la monnaie
du pouvoir exécutif éparpillée dans le pays ; aussi la
majorité de la dernière Chambre était-elle arrivée à
ne presque plus représenter que lui. Les industriels
sont des spécialités trop exclusives, de sorte qu'il ne
reste vraiment de chances d'études et d'instruction
politiques larges et impartiales que chez les hommes
libres de toute carrière strictement dépendante ou de
toute profession concentrant et rétrécissant les idées
dans le cercle de ses intérêts particuliers ; que chez
les propriétaires fonciers ou rentiers, précisément
chez les aristocrates, les vampires, les paresseux de
MM. Louis Blanc et consorts. Oui, les paresseux, car

ces réformants sont de cette force de croire ou d'offrir à croire que tous ceux qui ne travaillent pas en métier ne font rien.

Je défie de trouver à cette catégorie de citoyens un intérêt contraire à celui de l'Etat en masse, et en même temps, je défie de trouver une meilleure école d'humanité effective et de vraie popularité que la vie de campagne. Aussi, à mesure que le singulier désir des livrées officielles et que la soif des spéculations hasardeuses ou des intrigues de la vie exclusivement ambitieuse s'éteindraient ; à mesure qu'on s'habituerait à porter ses regards plutôt autour qu'au dessus ou en dehors de sa position native ; à mesure que les fils de famille, au lieu de perdre leur santé, leur intelligence et leur temps dans les orgies de la capitale, se détermineraient à résider sur leurs propriétés et à y apercevoir le cercle de la mission d'administration, de justice et de charité que Dieu leur a marquée et non un pur objet de rendement entre les mains pressurantes et sans merci de leurs hommes d'affaires ; à mesure que les campagnes se peupleraient d'habitants riches ou aisés ; à mesure enfin, que les occupations de l'agriculture presqu'entièrement abandonnées aujourd'hui aux paysans et aux fermiers ignorants ou aux intendants endurcis, reprendraient faveur chez les propriétaires plus éclairés, le capital moral et le capital pécuniaire du pays,

qu'on en soit sûr, s'accroîtraient et se consolideraient
rapidement l'un par l'autre, et nos vues politiques acquerraient plus d'ampleur et de dignité ; nos premiers pouvoirs plus de stabilité et de respect ; nos lois
plus d'autorité ; nos malheureux plus d'assistance et
tous plus de bien-être.

Ce sont donc là les voies salutaires du pays et vers
lesquelles nos vrais hommes d'Etat, si tant est que
nous en possédions encore de tels aujourd'hui, doivent nous vivement encourager et pousser ; car le
génie politique consiste à discerner ces grandes nécessités des époques, à imprimer aux nations le
mouvement capable d'y satisfaire, puis à le diriger,
le surveiller et le régler, et cela seul est digne de
s'appeler gouverner.

Une chambre quelconque est absolument impropre
à ce rôle, car elle est tout ce qu'elle peut être quand elle
résume fidèlement le pays, quand elle est la minia-
ture de sa vaste mosaïque ; mais elle ne peut pas être
en même temps le tableau et le juge du tableau,
l'armée et le général. Elle ne peut pas en entier s'é-
lever au-dessus d'elle-même, pour s'examiner, s'ap
précier, se guider ; elle ne saurait accomplir cela
que par ses individualités, car le plus souvent elle
possède en son sein le grand dominateur intellectuel
de la situation, l'impulseur du mouvement national.

S'il n'y était pas et qu'il existât en dehors de l'as-

7

semblée, son influence excentrique serait une formidable gêne au lieu d'être un secours pour le gouvernement, qui devrait se hâter de l'absorber.

S'il n'était ni dans l'assemblée ni dans le pays, ce serait le plus grand des malheurs publics, et beaucoup mieux vaudrait qu'une nation qui ne recèle pas son sauveur, au lieu de courir les chances des révolutions même légales dont elle a les instincts sans la capacité, se bornât, en attendant l'homme de l'époque, ce présent dont Dieu est avare, à sagement maintenir et administrer ce qu'elle a. Sans lui on se bouleverse, cela se peut toujours et trop facilement, mais on reste un temps infini à se redresser, et on n'y parvient qu'avec force meurtrissures et endommagements. On a pris banalement l'habitude de dire que l'homme de la circonstance ne manque jamais ; c'est une grande erreur : voyez l'Espagne depuis son établissement constitutionnel; voyez l'Italie ; en Franc même, nous avons eu de magnifiques spécialités, des hommes de parti remarquables ; mais de vaste et complète intelligence de l'époque, en même temps son émanation et son condensateur, je ne vois que Napoléon, surtout dans les premières années de son pouvoir.

Une chambre-gouvernement serait le modèle le plus achevé de l'anarchie, de la confusion, de la lenteur, de l'incohérence et, en définitive, de la nullité qu'on puisse imaginer. Les meilleures têtes sont con-

fondues avec les autres dans cette foule de niveau, et
il faut qu'elles soient élevées sur le piédestal du pouvoir, pour que l'assemblée elle-même les voie bien
et les apprécie en leur entier et à leur juste valeur.
Ce n'est pas le tout que le foyer de nos phares soit
éblouissant de flamme, il faut encore qu'il soit au haut
de sa tour pour servir aux navigateurs et répandre au
loin sur eux sa lumière ; Napoléon dans une chambre eût été un député fort ordinaire et un orateur
heurté médiocre ; le plus mince avocat lui en eût re-
montré et un Clausel de Cousergues y contrebalançait,
comme nous avons vu, son autorité.

Même sur ce piédestal élevé, l'homme de génie
a besoin d'abord de confiance, et ne saurait résister
aux chicanes, aux arguties et aux objections de détail
de toutes les importantes médiocrités d'une assemblée politique ; car un projet qui ne paraît que grand
à l'esprit supérieur qui l'a conçu, paraît extravagant
ou, au moins, téméraire aux esprits vulgaires.
Unique recéleur de son œuvre complète dans son intelligence, le grand politique a besoin de temps libre
pour la réaliser, comme il en faut au sculpteur pour
tirer sa statue du bloc qu'il travaille et transforme à
mesure ; aussi rien de plus sage que la patience, do-
cile quoique surveillante, que savent s'imposer une
assemblée et une nation en présence d'une puissance
qu'elles ont devinée ou qui s'est révélée à elles. C'est

l'indispensable condition de la réussite des grandes choses; car toute majorité est pour la routine, les voies communes ou rebattues, et les petits résultats, quand elle ne se livre qu'à elle-même et à ses inspirations journalières, quand elle n'est pas sous le charme de l'instinct et de l'attente d'une création supérieure, et n'est pas enlevée par le prestige de celui qui doit l'effectuer.

Ce haut ouvrier doit même rester juge presqu'absolu des instruments et des matières à employer dans la composition de son œuvre, et les chambres doivent se garder d'y retoucher beaucoup ; parce que généralement de toute mesure on y fait une affaire de parti ou de tactique, et on l'accepte, ou la rejette en considération bien moins de sa valeur intrinsèque, que du côté auquel appartient le membre qui la propose ; et parce que tout projet compacte, livré à leur tracassière analyse, y est disloqué, délayé, modifié, souvent essentiellement perverti par les changements et les petits bouts d'amendements que chacun tient à gloire d'y faire admettre ; de sorte qu'il en revient plutôt comme un ramassis de pacotille, que comme le produit primitif du moule justement proportionné d'un grand artiste. Jamais assemblée ne nous eût donné le code civil ; le Dieu seul peut contenir sa complète création, et c'est armée de toutes pièces que la parfaite Pallas sortit du cerveau de Jupiter.

Ce serait même bien à tort que, dans les circonstances difficiles et violentes, on attendrait d'une assemblée de la modération, de la mesure, un tempérament aux rigueurs du chef exécutif ; elles sont, comme toutes les masses, très-accessibles aux paniques, et, en cet état de frénésie peureuse, elles prennent, laissent prendre ou même excitent à prendre les décisions les plus iniques et les plus dures. Sous le coup d'un évènement saisissant, il n'y a pas de loi ou d'autorité draconniennes qu'on ne puisse obtenir d'une chambre, et le gouvernement, alors, a plutôt à se défendre de son zèle qu'à le stimuler ; le passé l'a prouvé, le présent le prouve et l'avenir le prouvera. A ce dont on n'oserait pas assumer la responsabilité sur soi seul, on se décide volontiers en compagnie ; on se décharge intérieurement l'un sur l'autre, et l'on disparaît personnellement dans le nombre. Aussi bien imprudent est le chef en faveur qui juge de ce qu'il peut prendre, par ce que cette chambre est disposée à lui accorder ; et s'il n'a pas son modérateur dans sa moralité politique, dans la conscience de l'intérêt du pays, qu'il l'ait dans l'instinct du sien propre. Tout excès de pouvoir est le germe d'une chute au jour de la réaction nationale , et la légalité donnée ou obtenue par la peur n'en garantit point.

Je viens de faire voir qu'une assemblée ne saurait former la tête du gouvernement; ce point de rendez-vous et de départ de toute direction et de toute action générales doit être unique, d'après sa définition même, et ne peut , sans inconvénients graves ou sans superfluité, se distribuer sur cinq ou seulement trois personnes. En effet, ou de tels directeurs ne seront que les commis expéditionnaires des chambres, et alors ce n'en seront pas les capacités d'élite qui ne voudraient pas accepter une telle situation ; ou bien, ces directeurs seront des hommes d'initiative, et alors , comme ils ne seront pas également habiles, également populaires, l'un d'eux finira nécessaire-ment, soit par dominer aux yeux du pays ses collè-gues qui, à partir de ce moment, le contre-carreront au lieu de l'aider, soit par les entraîner dans son orbite et les absorber complétement , ce qui donnera, par le fait, un chef unique qu'il eût été plus court et plus judicieux de nommer tout d'abord.

L'enveloppe du cerveau social doit être, comme celle de tout autre, une seule tête.

Ici arrive une question scabreuse par le temps actuel, mais que je vais aussi traiter comme toutes les autres de cet ouvrage, sans peur et sans reproche ; cette question est celle de la durée de la présidence.

Comme la moindre grâce que je puisse attendre pour cet écrit, c'est qu'on ne le réduise pas aux misérables dimensions d'une réclame en faveur d'un prétendant quelconque, *par droit de conquête et par droit de naissance;* comme aujourd'hui, du reste, je crois fermement qu'il n'y a plus que les princes démocrates socialistes qui puissent avoir l'insolence de prétendre au pouvoir par ce moyen et à ce titre, et que je doute un peu qu'ils pensassent à me choisir pour leur agent; je dirai tout d'un coup que cette présidence me paraît pour le mieux devoir être à vie et transmissible par voie d'hérédité, sauf peut-être l'acceptation par le pays de chaque nouvel héritier à l'instant de la succession.

D'ailleurs, qu'on nomme ce chef Directeur, Président, Empereur, Roi, en vérité peu importe, et je serais désolé de voir le peuple français imiter jusqu'au bout le peuple romain, qui assassinait ses grands hommes quand ils voulaient prendre le titre de *Rois*, et qui se laissait décimer par les plus abominables tyrans, qui les louangeait bassement et léchait leurs genoux quand ils se nommaient *Empereurs*.

De tous temps la tactique des démolisseurs a été la même pour exciter le peuple au renversement d'une bonne institution qui entravait leur ambition ou dépassait leur sagesse; ç'a été invariablement de la lui présenter comme essentiellement inhérente aux personnes qui y avaient fonctionné et dont plusieurs l'avaient souillée. C'est ainsi, qu'au dernier siècle, Voltaire parvint à lui faire confondre la religion avec ses ministres; c'est ainsi que les républicains, non pas ceux de la république nationale qui peut subsister mieux, sinon uniquement, avec une terminaison unitaire, immuable, mais ceux de la république *d'ôte-toi de là que je m'y mette*, sont parvenus à lui inspirer pour la royauté la même antipathie qu'il a justement ressentie pour quelques rois.

Pauvre peuple, toujours trompé, toujours dupé! détruisez-vous donc vos forteresses, parce que quelques-uns de leurs gouverneurs ont été des tyrans ou des criminels? sont-elles les choses de ces gouverneurs? la royauté est-elle la chose du roi, du chef odieux, parjure, faible ou entêté qui l'a exercée ou que vous en avez chassé? n'est-elle pas à vous? n'est-elle pas, elle aussi, une propriété nationale, la première, la plus belle, la plus salutaire des propriétés nationales?

Pauvre peuple aveuglé, qui ne sait reconnaître le tyran qu'au titre et à la demeure, scélérat infâme aux Tuileries, patriote ardent seulement à l'Hôtel-de-Ville, et qui ne voit pas dans Danton, dans Robespierre, dans tel et tel de leurs continuateurs et de leurs hideux exagérateurs du jour pis que le plus exécrable roi, pis que le plus épouvantable tyran de l'histoire! car eux, ce sont toutes les couches de la nation qu'ils veulent mettre en coupe réglée aux mains de la dernière ou, plutôt, aux mains des scélérats, des gens tarés, des débauchés et des fainéants pillards, qui ne sont d'aucune couche dans une société honnête!

Pauvre peuple qui se pose ou se laisse poser bellement en peuple digne et libre, en pourfendeur de despotes et qui, au commandement et pour les petits intérêts personnels d'un Blanqui, d'un Barbès, d'un Proudhon, de ces sinistres héros des mauvais jours d'un pays, est prêt à tuer ses frères et à mettre la France littéralement au pillage, littéralement à feu et à sang !

Pauvre peuple qui ne sait pas que ses plus terribles meurtriers, ses empoisonneurs sont dans son sein, et que ce n'est plus lui qu'atteignent les crimes personnels d'un scélérat élevé! Etait-ce sur lui que s'exerçait la cruauté des Néron et des Héliogabale?

Dans l'ordre politique, était-ce sur lui que s'exerçait celle des Louis XI et des Richelieu?

Est-ce lui qui a eu le plus à se plaindre du dernier règne? son bien-être n'y était-il pas autrement grand qu'il n'est aujourd'hui, qu'il ne sera de longtemps désormais? et peut-il dire que le roi Louis-Philippe ait fait bon marché de son sang, lui ait été cruel?

Je n'ai nulle disposition à ménager la politique de ce prince, et je l'ai assez prouvé dans les pages précédentes : il fut obstiné dans ses opinions, immoral dans ses moyens d'influence, lâche dans sa politique extérieure (*). La France eût excusé ses erreurs, mais comme j'ai dit, ce qu'elle ne lui pardonnera jamais, ce sont les humiliations qu'il lui a infligées, le mépris qu'il a fait de ses meilleurs sentiments. Voilà des taches dans le règne de ce monarque qui, pour le malheur de sa mémoire, ne s'en effaceront pas au frottement des âges. S'il est vrai que l'esprit et surtout le cœur de la nation eussent des propensions à se pervertir; s'il est vrai que sa moralité fût devenue moins solide et que le veau d'or parût être le seul Dieu en présence duquel elle fût encore disposée à s'agenouiller, ce n'était pas à son chef, à encourager et récompenser ces repoussantes dispositions. Son rôle à lui, son rôle de gloire était de fermer la plaie au lieu de l'étendre, de s'efforcer de faire revenir le pays à la tête duquel il s'était placé à sa pureté première et non de le solliciter à se vautrer de plus en plus dans les séductions et les faveurs boueuses dont il pouvait le couvrir !

(*) Je ne parle que du personnage politique, car l'homme privé était plein de courage et de bonté.

Mais, en définitive, est-il le seul coupable? Et quel ignoble courage ne faut-il pas pour rejeter, avec l'empressement que je vois partout aujourd'hui, à la face d'un vieillard déjà en si rude voie d'expiation, toute cette boue dans laquelle on s'était roulé, dans laquelle on sollicitait ardemment de se rouler de plus en plus; pour ainsi se décrasser aux dépens d'un exilé qui ne peut ni ne veut se défendre? C'est commode, mais c'est lâche. Il a été obstiné dans ses vues, mais ne contresignait-on pas sa politique? Il a usé de dépravation pour obtenir ses majorités, mais n'a-t-il pas réussi à les obtenir sans la moindre violence? Ces majorités furent corrompues, mais qui en nommait les membres? Était-ce lui qui forçait les électeurs, entre un honnête homme et un homme sans conscience, à choisir l'homme sans conscience? Entre un homme indépendant et un fonctionnaire enchaîné, à choisir le fonctionnaire? Etait-ce lui qui les forçait, à la suite de chaque faveur scandaleuse, à renvoyer à la chambre le favorisé à des majorités de plus en plus croissantes? Fut-ce lui enfin, qui porta ce collége électoral populeux, qui n'avait d'abord élu son représentant qu'à une faible majorité et sous serment solennel de sa part de n'accepter aucune promotion, à récompenser le parjure et à sanctionner par une réélection presque unanime cette fois, la profonde mésestime dans laquelle cet homme montrait qu'il tenait ses électeurs

en osant se représenter à leurs suffrages, encore tout
fraîchement couvert de l'opprobre de sa parole faus--
sée? Et à la vue d'une dissolution aussi cynique n'a-
vait-il pas quelque prétexte de penser que, s'il y avait
encore une opposition à la chambre, c'était que le
budget ne suffisait pas à acheter le corps électoral ?

Le reste du pays, ou participait en définitive à ces
faveurs délétères, ou , s'il les déplorait en principe ,
était tellement atteint par l'influence énervante de
l'atmosphère qu'elles avaient viciée , qu'il laiss.it
faire sans force et peut-être même déjà sans grand
désir de protestation formelle. Cela est si vrai que ce
ne fut que par le rebondissement de quelques nobles
cœurs, aujourd'hui méconnus, ou oubliés par ceux
qui ont exploité, exagéré ou perverti leur œuvre, que
commença parmi nous la réaction de l'honneur, et
l'on peut se rappeler à travers quel dédain, quelles
railleries ou quelle indifférence de la masse !

Il faut avoir été dans la confidence de ces apôtres
de la remoralisation du pays pour avoir une idée de
leurs tristesses et de leur déconfiance intime ; et ce
n'était pas la nature du puissant levier auquel ils
recouraient, c'était le manque de solidité de son point
d'appui qui leur faisait ainsi désespérer.

Non ! ce n'est pas par de si exclusives et si peu
dignes récriminations qu'un pays prouve le désir et
la capacité de se relever dans la pureté de sa gloire et

dans sa propre estime. Pour redevenir grand il lui faut commencer par être juste, et c'est par un *meâ culpâ* général que la France doit manifester la complète conscience qu'elle a de son abaissement au milieu des nations et son énergique, son irrésistible volonté de remonter plus que jamais resplendissante à leur tête.

Mais, en vérité, en quoi l'institution monarchique elle-même est-elle responsable de ces vilenies? Elle ne le serait que si c'étaient là ses résultats essentiels, nécessaires; et comment une nation qui se donne pour libre et pour mériter de l'être, oserait-elle l'avouer? Avouer qu'elle est et qu'elle sera toujours corruptible? toujours à la merci d'un corrupteur? Alors qu'elle se livre corps et âme, avec abnégation complète dès qu'elle le pourra, à un despote glorieux, qui la remaniera et lui imprimera, bon gré mal gré, le mouvement d'ascension morale qu'elle est incapable de prendre d'elle-même; c'est son seul recours, c'est son unique voie de salut. Mais, dans le cas contraire, c'est-à-dire si elle est pénétrée de l'amour-propre, fort légitime celui-là, de puiser sa principale force de reconstitution en elle-même; s'il est vrai, comme elle le proclame avec un peu trop d'emphase, qu'elle a recouvré la complète conscience de sa dignité, qu'a-t-elle à craindre, surtout avec le suffrage universel, des avilissantes tentations d'un personnage quelconque? Quel que soit le degré où il se trouve placé en son sein, ses séductions seront restreintes dans un cercle tellement étroit qu'elles ne sauraient plus influencer le pays, et il arrivera un jour qui n'est peut-être pas éloigné, où l'on pourrait changer de roi sans plus de perturbation dans l'État qu'à un changement de ministres ; et, dès ce moment-là justement on n'en changerait plus ; car ces chefs, qui verraient si évidemment que c'est à l'institution et non à leur personne que l'on est attaché, qui verraient qu'ils ne pourraient plus rien par eux-mêmes hors des bonnes voies nationales, ne seraient plus tentés d'en dévier.

Bien plus, comme il est dans notre nature de perfectionner les facultés dont l'exercice nous est le plus habituel et le plus utile, il adviendrait que même les plus ordinaires d'entre eux acquerraient des qualités remarquables de discernement, d'appréciation saine et d'abnégation d'opinion personnelle, qualités qu'il leur est, du reste, si facile de posséder au haut et unique point de convergence où ils se trouvent et d'où leur regard, pourvu qu'il ne soit pas troublé par une intraitable vanité, peut voir si clairement et embrasser si complètement tout le pays qui se meut et rayonne au-dessous.

Alors l'institution royale serait consolidée à jamais. Et qu'on ne dise pas que j'imagine et espère ici une chimérique utopie ; elle se réalise depuis près de deux cents ans en Angleterre avec des rois imbéciles, fous, méchants, débauchés, avec la plus triste série de personnalités qui se puisse voir.

Ainsi entendue, la terminaison monarchique de la société est ce que l'on peut voir de plus naturel, de plus judicieux et de plus largement libéral, et c'est une des incroyables erreurs dont les sectaires sont parvenus à incruster le préjugé chez le peuple, de regarder comme ennemie des libertés précisément la seule institution qui peut les renfermer et les garantir toutes. Un gouvernement démocratique sacrifie tout au bas peuple ; un gouvernement bourgeois ou purement commercial, à la bourgeoisie et aux marchands ; un gouvernement aristocratique, aux grands ; un gouvernement oligarchique, à quelques familles ; un gouvernement socialiste sacrifierait l'État à des spoliateurs; un gouvernement monarchique, planant audessus de tous ces divers intérêts, de tous ceux qui se groupent dans la nation, seul, les peut voir et maintenir dans leurs justes positions et proportions respectives ; seul, peut être le secours des faibles et le frein des forts et ainsi réaliser partout la justice distributive ; seul, peut guider et stimuler la nation dans son ensemble vers des progrès de l'avenir ; et c'est la définition de la monarchie que la République dérobe, quand elle s'intitule : *Le gouvernement des intérêts et des droits de tous ;* ce sera de la monarchie ano-

nyme qu'elle fera, quand elle agira dans un but si
général.

Ce gouvernement monarchique que je dépeins
n'a guère eu de modèles dans ceux du passé,
j'en conviens; aussi sont-ils tous tombés, aussi
tomberont certainement comme eux tous ceux qui
se borneront à les imiter, parce que bien qu'opé-
rant dans l'édifice national par excellence, ils n'y
ont travaillé que pour un parti, et qu'un parti finit
toujours par être renversé par un autre.

A bien considérer, y a-t-il rien de plus irra-
tionnel, rien de plus funeste que ces changements
forcés du chef du gouvernement à courts intervalles?
Si le président est bon, est en voie d'exécution d'une
grande chose, quelle barbarie et quelle absurdité en
même temps de l'arrêter en chemin! S'il est mauvais, quel ridicule et quel danger de l'imposer au pays
pendant des années, pendant des mois même; car si le
bien s'édifie lentement, le mal fond comme l'éclair.

Si un chef maintient l'ordre dans le pays et la
gloire nationale intacte, on irait s'imposer de gaîté
de cœur l'obligation de le changer pour se rejeter
dans les inquiétudes et les troubles; quelle démence!

Et puis les nations, surtout les nations d'Europe,
placées et resserrées comme elles le sont sur le globe,
et les unes par rapport aux autres, n'ont-elles donc plus
physiquement, moralement et politiquement tout à la

fois, des intérêts persistants? N'ont-elles donc pas des projets intérieurs et extérieurs qui exigent pour les chances de leurs succès, une longue suite d'années de persévérance dans les mêmes moyens et les mêmes préparatifs d'exécution, une grande fixité de méthode et une parfaite unité d'inspiration? Laquelle de ses grandes choses eût pu mener à fin un Richelieu, un Colbert, un Napoléon triennal? Avons-nous donc désormais renoncé à les imiter en rien? la France est-elle pour toujours descendue du trône du monde, et sommes-nous destinés en enfants dégénérés d'un colosse qui se disloque et s'écroule, à voir la mâle figure de quelqu'autre nation, mûrie par les enseignements de notre ruine et par la conscience d'une grande mission laissée vacante, arriver, prendre notre place séculaire en tête de la civilisation et de l'humanité?

Les autres pays venir nous distraire de notre œuvre de dissolution! oh! en vérité ils s'en garderont bien! on ne craint que ce qui croît et prend des forces. Mais un vieux lion qui hâte sa mort en se déchirant les entrailles de ses propres griffes et en convertissant son ancienne vaillance en rage hideuse contre lui-même! on s'écarte avec empressement de la sanglante arène où il se débat, on prend seulement ses précautions pour l'y tenir enfermé et de loin on assiste avec joie aux progrès de son agonie. Oh!

non, ils ne viendront pas ; aucun d'eux ne viendra détourner stupidement sur lui les coups par lesquels nous nous détruisons! tous s'élèvent bien assez, sans peine et sans chances contraires, par le seul fait de notre abaissement.

En vérité, un monstrueux ennemi de notre gloire se serait-il ingénié à rechercher les plus rapides moyens de décadence nationale, qu'à mon avis il n'eût pas pu mieux rencontrer. Je défie de montrer à qui le nouveau régime est plus profitable que celui de la monarchie, si ce n'est à la troupe des ambitieux de toutes les sortes et de toutes les couleurs qui pourront trouver espoir de se prélasser et de s'héberger, chacun à son tour, dans ce caravansérail du pouvoir, si bénévolement desservi par le pays, et de se donner, en sortant, la satisfaction de dire, comme le Frontin de la comédie, *à mon tour j'ai été maître!* Allons, courage, tous les oseurs! voilà un trône, le trône de France au pillage.

Et c'est donc pour en arriver là que nous avons fait nos révolutions et passé par toutes nos épreuves! c'est pour en arriver là que nous avons renié et abandonné notre grand Empereur, que nous avons laissé l'Angleterre enchaîner notre géant sur le sombre et tuant rocher de Sainte-Hélène, que nous nous sommes résignés à supporter sur nos têtes abaissées l'affront et le poids de deux invasions de l'Europe, à voir

camper les Huns dans nos murs et commander
Paris par un Prussien ! c'est pour en arriver là que
nous avons si souvent rougi le pavé de nos villes de
notre sang le plus généreux ; c'est pour en arriver là
que vous vous êtes dévoués, que vous avez combattu,
que vous êtes morts. Oh ! vous tous qui fûtes martyrs de
l'ordre, de la religion et des lois, grandes et tristes victimes de nos discordes civiles ! c'est pour satisfaire les misérables ambitions sensuelles ou la vanité pointue d'un
soldat après un poète utopiste, d'un médecin après un
avocat, d'un journaliste après un chef social, d'un utili-
taire après un communiste, d'un cuisinier après un
maître-d'hôtel, de je ne sais quoi après un je ne sais
qui ! Oh ! mon Dieu, pitié de nous ! pitié de ce pays qui
fut la France de Louis XIV et de Napoléon, qui fut
votre France chérie ! Ne lui inspirerez-vous donc
plus rien de digne d'elle et de sa gloire passée ! Nous
devez-vous abandonner à nous-mêmes au milieu de
notre confusion et de notre impuissance pitoyable !

Par où en effet notre soi-disant République ac-
quiert-elle tant de partisans ? par le champ libre
qu'y voient tous les partis pour la perpétuité de
leurs luttes fratricides et par les chances qu'y espè-
rent d'une bonne place au banquet du budget toutes
les médiocrités, toutes les spécialités ambitieuses,
tous les gens tarés et déclassés par leur inconduite,
qui, sous un régime fortement et sagement ordonné,
seraient maintenus dans les positions proportionnées

à leur mérite et adaptées à leur génie, ou seraient condamnés, par un rejet complet, à la juste peine de leurs vices.

Par où la monarchie est-elle surtout détestée? par la consécration qu'elle porte avec elle de la régularisation des voies pour parvenir; par l'obstacle efficace qu'elle seule peut mettre au débordement d'une classe sur l'autre dans le pays et le gouvernement; par le respect et la crainte dans lesquels elle peut maintenir les factions, et par l'impossibilité de réalisation qu'elle inflige aux rêves extravagants de leurs principaux chefs.

Si ce ne sont pas les facilités désorganisatrices qu'offre une autorité fragile et précaire, si, d'un autre côté, ce ne sont pas les entraves si salutaires que met l'établissement monarchique à cette course au pillage du trésor public et à la possession d'un pouvoir ravalé, qui font la plupart de nos républicains; si ce n'est pas leur avidité de places qui, seule, les a poussés au dernier bouleversement, qu'ils le prouvent. Ils ont pour cela un moyen, et qu'ils ne s'épouvantent pas, ce n'est pas de quitter les emplois dont ils ont fait si belle curée, ce n'est même pas de les remplir toujours honorablement; c'est simplement de s'accorder entre eux sur une définition précise du mot *République*.

Ils ne le pourront; car, pour ceux à l'idée desquels elle n'est pas une immense anarchie, couvant dans ses flancs toutes les révoltes et toutes les agita-

tions des ambitieux, en menées et en intrigues conti-
nuelles, ce ne peut être qu'une monarchie décapitée,
et alors quel avantage trouvent-ils à la laisser sans tête?

L'avantage, décisif pour la plupart, de ne pas
se prononcer nettement et de se garder un doigt
dans tous les partis, une chance dans toutes
les éventualités; mais moi, qui suis suffisamment
protégé des soupçons de cette sorte par mon obscurité, moi qui n'aspire à être ni empereur, ni président, ni ministre, ni même préfet de cette républi-
que-ci, ni d'aucune de celles de messieurs les hauts
prétendants, Proudhon, L. Blanc, Blanqui, Lamen-
nais, Barbès, Raspail, le cuisinier Flotte, etc., etc.,
(j'en passe et des meilleurs), je n'hésite pas à dire
que, dans mon opinion, le régime de réélection, s'il
se maintient, ouvrira pour la France une ère ou
d'impuissance et de discrédit ou de secousses incessantes de bas en haut, qui l'entr'ouvriront parfois et
toujours la tiendront en tremblement convulsif.

Le système monarchique, sans l'inviolabilité
royale comme dogme sacramentel; parce que,
sous cette forme absolue c'est une fiction, d'un côté
attentatoire et injurieuse au droit national, en bien pure
perte, puisqu'elle ne saurait tenir un seul instant
contre sa manifestation, et d'autre part pernicieuse
pour les rois, qui se font toujours illusion sur sa solidité, et qui sont toujours tentés de s'y fier exclusi-

vement ; mais avec l'inviolabilité royale, comme règle générale de prudence et de stabilité ; le système monarchique, dis-je, dans toutes ses conditions de vérité, et ne cherchant sa force que dans les avantages qui lui sont inhérents et non dans un vain et décevant privilége, voilà le seul gouvernement convenable à une grande nation, mûre pour toutes les libertés et jalouse de recéler et de protéger en son sein tous les genres de grandeurs. Voilà le seul gouvernement qui puisse être glorieux pour la France, et y édifier des monuments dignes et capables d'être les inébranlables témoins de sa nationalité à travers la longue suite des siècles futurs, et de leur servir de contemplation et de modèles.

En effet, c'est le seul qui, au bénéfice de la conservation et de la régulière gestion de ce qu'on a acquis, ajoute la possibilité de ne laisser passer l'occasion d'aucun perfectionnement, d'aucune réforme même radicale, sans les réaliser pacifiquement et légalement pour le bien général. Il a de plus la possibilité de poser immédiatement après qu'il s'est révélé et fait accepter par l'opinion, l'homme de talent ou de génie à la place convenable au plus ample développement de son action sur le pays. De cette sorte, il devient le cerveau de la royauté, comme un tuteur est celui de son pupille moins capable, sans se substituer cependant jamais de sa personne en son lieu et droit, et la figure monarchique reste constamment là même aux yeux de la nation et des étrangers, c'est-à-dire constamment majestueuse, constamment noble et digne, sinon constamment puissante par le génie.

Quand il arrivera que la personne royale soit par elle-même la capacité de son époque, cela n'en vaudra que mieux. Je ne saurais concevoir pourquoi on empêcherait un roi plutôt qu'un ministre d'illustrer la nation dont il est le chef, et ce n'est pas tant le principe que la nature de l'influence du roi Louis-Philippe qu'on aurait dû blâmer. La fameuse maxime du *roi règne et ne gouverne pas* est une fiction aux profit des ministres aussi ridicule et aussi irréalisable que celle de l'inviolabilité au profit du monarque; la vérité est que le roi ne doit que régner quand il est incapable de gouverner. Si, par des investigations loyales, si par une saine et indépendante majorité, qui s'augmente, mais qu'il n'augmente pas; si par les témoignages généraux d'un pays non suborné, il acquiert la conscience du bien que l'application de ses vues produirait pour la nation, quel prétexte, quelle possibilité y a-t-il de comprimer son essor? Quel désavantage n'y aurait-il pas à le faire? La seule différence dans ce cas, c'est que les personnalités ministérielles y seront éclipsées, tandis que dans les autres c'est la personnalité royale qui est couverte; mais de quelle importance cela est-il pour le pays? En bonne politique, le contre-poids du monarque ne doit pas se placer dans son ministère ; il doit être uniquement, comme je l'ai déjà dit, dans la Chambre et la nation. Si celles-ci sont corrompues ou accessibles à la corruption dans leur généralité, ce n'est pas à faire de la politique qu'elles doivent prétendre, c'est à être élevées et conduites ; qu'elles passent sous le joug. Mais dès qu'elles seront redevenues libres, morales et fortes, c'est le gouvernement représentatif à terminaison monarchique qu'elles prendront indubitablement. Pour l'honneur de mon pays, je me refuserai à croire, à moins qu'il ne m'y force par des faits trop répétés et trop indubitables, que ce qu'il regrette dans l'ancien gouvernement, c'est sa corruption ; que ce qu'il recherche dans celui-ci c'est la continuité de cette corruption, et qu'il n'est pas au contraire relevé à jamais de cette abjection où il a pu s'oublier quelque temps. Où serait, dans l'affreux bouleversement commencé en février, le point sur lequel le regard d'un honnête homme et d'un bon citoyen pourrait s'arrêter avec quelque consolation et quelque espoir, si de ces immenses ruines mélangées de quelque bien et de beaucoup de mal ne devait pas se dégager finalement notre épuration ?

Il est temps de parler d'un exemple contraire qu'en désespoir de cause, on va chercher à travers l'Océan et chez les pionniers du nouveau monde, c'est-à-dire aux États-Unis d'Amérique. Pour commencer par montrer combien sont peu réfléchies toutes ces admirations de circonstance, je ne demanderai qu'une réponse consciencieuse à cette question : la figure de la nation française dans le monde n'a-t-elle pas été et n'est-elle même pas encore autrement imposante, autrement loyale, autrement complète que celle de cette vaste et flasque agrégation de bandes d'émigrants et de commerçants grossiers, qui composent la confédération américaine? J'ai dit la confédération et non la nation ; car il y a des agglomérations d'individus dans le nord de l'Amérique, mais il n'y a pas, nationalement parlant, d'Américains. Il y a sur ces vastes terrains, pèle-mêle ou côte à côte, d'anciens colons, des Anglais, des Allemands, des Suisses, mais sans fusion entr'eux· Il y a des circonscriptions de populations qui consentent encore à prendre une appellation commune, mais c'est déjà le seul lien, plus apparent que réel, qui les joint les unes aux autres ; car si tous les États ont des représentants à Washington qui y formulent des lois générales, chacun d'eux se réserve, à sa convenance, la faculté d'obéir ou de désobéir à leurs prescriptions, et l'on ne tente jamais de les forcer à l'obéissance, par cette raison bien simple que cela serait impossible. Aussi, tandis que les États du Nord exagèrent la philantropie noire, parce qu'ils n'ont point d'esclaves, les États du Sud conservent tranquillement les leurs, poussent à l'envahissement de nouvelles contrées pour les en peupler encore et brûlent en effigie, sinon en réalité, les apôtres abolitionistes.

Par quelle invention sublime ou seulement utile, par quelle idée féconde, par quel amour de l'humanité, par quels nobles exemples donnés aux hommes ou aux nations, par quelle belle œuvre morale, religieuse, philosophique ou littéraire, par quel art et par quel artiste, par quelles brillantes ou grandioses individualités enfin (*) ce pays se recommande-t-il donc à notre admiration ? Est-il possible d'y voir encore autre chose dans sa meilleure acception et à ses plus beaux moments, qu'une vaste association de marchands peu scrupuleux, dont la chambre de commerce présidée par un directeur temporaire, se trouve à Washington.

Ce sont en général des enrichis indélicats dans leurs moyens, âpres dans leur avidité, menteurs dans leurs assertions, insolents dans leurs exigences

---

(*) Je n'y vois de belle personnification que M. Clay, qui est remarquable à tous égards, mais aussi qui n'y est ni écouté ni compris. Je n'y compte pas Franklin, le plus grand homme de cette contrée, parce qu'il a été un colon anglais et non un produit des États-Unis. Du reste, comme ce que je dis de ce pays est de l'histoire, je serais, à la rigueur, dispensé de toute autre explication ; je désire ajouter cependant que rien ne me coûte tant que de faire le procès à une nationalité quelconque qui a pour elle l'avenir et de laquelle, même dans l'état présent, je ne prends que la physionomie générale, en laissant dans les exceptions beaucoup de personnes et même des populations entières ; mais ici je suis porté à ces développements par la prévision du danger que l'erreur pourrait avoir pour ma patrie.

et purs spéculateurs de gain dans leur politique. Ils nous ont appris tout cela à nos dépens, et M. Berryer me fournirait facilement des témoignages pour prouver que ce portrait n'est pas chargé ; je vais y ajouter moi-même dans la note (A, page 157) par le récit de quelques-uns de leurs procédés dont j'ai été témoin pendant notre blocus du Mexique en 1838.

Parce qu'ils voient leurs farines et leurs cotons sur tous les marchés, ils se prennent plaisamment pour le premier peuple du monde, n'apercevant pas qu'ils n'en sont que les fournisseurs. Des gens qui ont fait une révolution pour le prix de revient de la livre de thé, qui n'ont que le commerce, et le commerce rudimentaire pour ambition et pour but, des gens qui, quoique recherchant avidement la richesse, par une inconséquence toute démocratique, jalousent les riches et les obligent à dissimuler leurs fortunes, qui traitent les savants de fainéants et les travaux de l'intelligence de méprisables, tout comme en Europe à la plus obscure époque du moyen-âge, ne feront jamais rien de grand, ne seront ni dignes ni capables d'imprimer la moindre bonne impulsion au genre humain, s'ils ne changent dans leurs descendants. Jusqu'ici, quel mérite ont-ils donc à leur grand développement commercial ? Le mérite de se donner la légère peine de semer du blé et de planter des arbustes dans des terres immenses naturellement fertiles

dont ils chassent, tuent ou empoisonnent par les li-
queurs spiritueuses les rares possesseurs primitifs ;
car c'est ainsi que ces fiers républicains entendent
l'humanité et la justice.

Ils ne sont que d'hier et déjà dans le monde entier
la foi américaine remplace la foi punique, et déjà il
n'y a pas d'horreurs, d'exactions, de perfidies,
dont ils n'aient donné l'exemple ; et, puisqu'il
est vrai que les héros les plus populaires n'ac-
quièrent cette popularité qu'en étant les person-
nifications les plus exactes et les plus aimées de leur
pays, le barbare Jackson doit être l'idéal représentant
du sien. Ce Hun d'Amérique sans foi ni loi, à dix-
huit ans jeta le froc aux orties pour faire la chasse
aux indigènes et pour présider aux orgies où l'on
égorgeait le gibier humain au milieu des rauques
clameurs de la triple ivresse de l'alcool, du sang
et d'un jeu effréné. Cette vie de débauche et de
boucherie était si commune que personne ne l'y
avait remarqué, lorsqu'en 1812, il se dirigea avec
ses bandes vers la Nouvelle-Orléans. Là, il bat et
massacre les Anglais débarqués ; mais établit une
terreur néronienne dans la ville qu'il tient sous la
menace de l'incendie, se moque du sénat, du président et de la constitution, en dépit de leurs ordres et de leus prescriptions, reste en permanence armée après la paix, rançonne la contrée, et se divertit

à faire pendre des Anglais inoffensifs. Chemin faisant, il s'empare par pure fantaisie de Pensacola, capitale de la Floride, sans le moindre sujet, sans la moindre déclaration d'hostilité avec l'Espagne, à qui appartenait le pays et qui vivait en amitié avec la confédération ; le cas qu'il fait des remontrances que lui adresse le pouvoir central de Washington, à la nouvelle de ce brigandage, c'est d'en compléter l'œuvre, et c'est ainsi que la Floride est devenue américaine. En 1824, à la première présidence vacante depuis ses exploits, il ne réussit pas à se faire élire, il le méritait bien pourtant; mais en 1829 on répara cette injustice, et le peuple américain fut réellement représenté au pouvoir ; il le montra bien par ses joies et par l'enthousiasme frénétique qu'il témoigna de toutes les sauvages mesures de son maître. Celui-ci mena d'étrange façon les affaires : il commença par mettre à la porte tous les employés du gouvernement, et se souciant fort peu de capacité et de bons services distribua les places à ses compagnons exterminateurs ; trouvant incommode de payer ses dettes, il décréta la banqueroute. Dans la plus grossière ignorance du mécanisme de la circulation et du crédit, et pour plaire à la multitude, qui, dans ses basses envies, percerait avec délices le cœur qui pousse et distribue le sang dans ses artères, il renversa la banque nationale. Enfin pour mettre le comble

à son insolence et au stupide enivrement populaire ,
il se prit à insulter les peuples étrangers dans la personne de leurs représentants et à contraindre par les
plus arrogantes sommations et par le plus effronté
dédain du droit, de l'équité et des formes, l'indigne
gouvernement de France, de cette France qui fut
la terre de la vaillance, des hautes susceptibilités,
de la fierté intraitable devant l'insulte , à lui payer
vingt-cinq millions qu'elle ne devait pas. La grande
nation a été rançonnée par un chef de bandes !
O Louis-Philippe! ô ministres! ô chambres d'alors !
De quelle épaisse couche de honte vous avez pu
impunément couvrir le front de votre pays, jusque-là
pur de pareils outrages ! Au bout des quatre premières années de domination, Jackson se fit continuer la présidence ; on ne pouvait faire mieux,
les Etats-Unis avaient trouvé leur homme. A la fin
de cette seconde dictature , désireux de se retremper
dans sa première vie de taverne et dans la refréquen-
tation de ses rustres, il nomma pendant la durée de
ses ébats domestiques dans la personne de Van-Buren,
un géreur à ses domaines et à ses vassaux merce-
naires. Malheureusement le héros de ces braves gens
fut, bientôt après , atteint par la mort , qui ne respecte pas plus les idoles des populaces que celles des
vrais peuples. Ce fut dommage, car dès qu'il lui eût
repris fantaisie d'une nouvelle campagne , il se fût

remis personnellement au pouvoir et, à son houra!
nous eussions pu voir ses hordes se ruer de nouveau
au détroussement de quelque contrée des Etats, par
exemple de la Pensylvanie, refuge de la banque, ou
de la riche et policée Caroline du Sud, qui avait osé
lui faire résistance!

Non! dites-vous; et pourquoi non? il l'avait déjà
fait; qui l'eût empêché de le faire une seconde fois?
Aux États-Unis, les fortunes s'amoncèlent, les pros-
pérités s'accroissent pour servir d'appât et de proie
aux déprédations de la multitude sous un nouveau
Jackson; et voilà la liberté, voilà des caractères,
voilà une humanité et des mœurs, enviés par la
France! par la nation la plus éclairée de l'univers!
C'est dans les tueries et les rapines du Nouveau
Monde qu'elle veut se chercher des exemples futurs!
elle qui en a donnés jusqu'aujourd'hui à tous les
peuples!

Du reste, c'est à un homme que ses compatriotes peuvent bien trouver encore grand après
l'assassinat de Jumonville, et après sa barbarie
à l'égard de son noble prisonnier de guerre, le
major André, mais auquel nous n'avons nulle
raison nous, de vouer un culte; c'est à Washington (*) qu'est due l'entrée de ce gouvernement

***

(*) Jumonville était un officier français qui fut expédié en parlementaire

dans la carrière d'égoïsme, de perfidies et d'ingratitude où il fait de si énormes pas. La guerre de l'indépendance était à peine terminée, le sang de nos soldats fumait encore sur ces champs que leur vaillance avait acquis à leurs possesseurs, que déjà, à l'instigation de Washington, ils se liaient contre nous aux oppresseurs dont nous achevions

---

à un fort de la Louisiane que commandait Washington, et il y fut fusillé. André était un jeune et loyal major de l'armée anglaise, employé dans la guerre de l'indépendance. Après que le général américain Arnold eut trahi et fut passé aux ennemis, il noua ou continua à entretenir des intelligences avec ses anciennes troupes, de sorte qu'il parvint même à obtenir la promesse de la défection d'un corps d'armée. Il s'y rendit de nuit pour le diriger aux Anglais, et le général de ceux-ci détacha avec Arnold le major André dans cette mission; mais l'affaire échoua et le major, qui ne connaissait pas bien le pays, fut pris tandis que le général traître parvenait à se sauver. André, sous prétexte qu'il n'était pas en uniforme, ne fut pas reconnu comme prisonnier de guerre; il fut traduit devant une cour martiale présidée par Washington, qui le connaissait personnellement et s'était lié avec lui avant la guerre, et y fut condamné à mort, mais à être pendu et non fusillé. En vain il s'adressa à Washington pour obtenir la grâce de cette permutation, la grâce de mourir comme un brave et loyal militaire qu'il était; en vain demanda-t-il ensuite du papier et une plume pour écrire ses adieux à sa famille, on ne lui accorda rien; il fut pendu et il avait été obligé d'écrire ses derniers souhaits avec un morceau de charbon sur la muraille de son cachot.

Ce n'est pas, comme je l'ai dit, que je trouve mauvais le culte que les Américains portent à ce personnage de leur libération; au contraire, il est favorable que les nations exaltent leurs héros, parce qu'elles ne le font que pour leurs hautes qualités réelles ou supposées. Ainsi que les États-Unis idolâtrent Washington, que les Anglais élèvent aux nues Nelson et Wellington, je trouve du bon dans ce sentiment, mais les nations étrangères conservent à leur égard leur entière liberté d'examen et de jugement, et doivent réduire, à sa juste hauteur, le piédestal de chacun d'eux.

de les délivrer, et dans quel moment? Lorsque l'Angleterre nous faisait la guerre pour abattre la forme républicaine que nous avions prise à leur instar?

Et puisque ces gens sans pudeur sont arrivés enfin à extorquer de nous vingt-cinq millions, quand donc exigerons-nous d'eux les deux cents millions que nous avons dépensés pour les soutenir? Le prix incalculable du sang de nos frères morts pour les faire ce qu'ils sont? Enfants sans cœur! qui se sont empressés, dès qu'ils ont eu des dents, de mordre la mère qui les a nourris et portés dans ses bras! Non, Américains! vous n'êtes, vous ne serez pas ainsi une nation; vous n'êtes qu'une association d'avides et âpres fournisseurs ou une multitude d'envahisseurs et de déprédateurs sans humanité ni conscience!

Pour venir spécialement à la constitution du pouvoir dans ce pays, je dirai qu'il est très concevable et parfaitement indifférent qu'il reste précaire, distendu et sans force comme aujourd'hui, tant que les divers états n'y formeront qu'une seule couche commerciale et ne seront reliés entre eux que par une simple circonscription douanière (comme les Etats de l'Allemagne qui se sont enfermés dans le Zollverein proposé par la Prusse), tant que les habitants ne seront pas resserrés dans d'étroites limites et obligés de s'y grouper au lieu de s'étendre indéfiniment

ainsi qu'ils le font actuellement. Tout le monde com-
prend, en effet, que ce pouvoir reste suffisant, tant qu'il
est inutile, et qu'il paraisse solide tant qu'il n'est pas
attaqué, tant que personne ne l'envie, ni n'en est gêné ;
on voit par l'exemple de Jackson combien peu il est
à craindre pour celui qui s'avise de le mépriser et
combien peu il résiste à celui à qui il plaît d'y prétendre et de le confisquer à son profit. Mais lorsque ce nouveau monde sera devenu exubérant ou
seulement plein de population, que les individus
s'y rencontreront presque coude à coude dans l'exercice de leurs intérêts et de leurs goûts infinis ; lorsque
les États de cette vaste Europe naissante prendront
physionomie tranchée et frontières distinctes ; lorsque le lll qui les entoure tous encore à présent, mais
en s'affaiblissant de jour en jour davantage, sera
tout à fait rompu et que chacun devra pourvoir à sa
défense contre ses voisins et régler la conduite à tenir
avec eux ; c'est-à-dire que le droit des gens et l'art diplo-
matique américains seront créés ; lorsque dans chacun
de ces fractionnements, par exemple, dans ce qui restera uni de la confédération actuelle, les richesses se
gradueront, que les descendants d'enrichis devien-
dront plus jaloux de jouir que d'amasser davantage,
ou, du moins, préféreront les occupations morales
et intellectuelles à celles purement commerciales ;
lorsque les industries s'y établiront, s'y diversifie-

ront et viendront rendre le pays manufacturier aussi bien que producteur, que des genres de vie variés y feront varier aussi les articles de consommation, les goûts et les besoins ; lorsqu'ils auront à eux spéciale-ment des arts, des sciences, une poésie, une littéra-ture, une histoire, une place et un genre d'influence quelconque sur l'humanité ; lorsqu'en un mot ils se-ront devenus une nation, et que leur pouvoir aura pour mission de dominer, de contenir ou d'encourager tous ces intérêts, ces innombrables manières d'être aussi légitimes les unes que les autres, c'est-à-dire de gouverner incessament ; il y aurait de la démence à admettre que ce pouvoir continuera de subsister dans l'état misérable où nous le voyons. S'il n'y avait qu'un seul port au monde, que le même vent toujours y poussât et qu'il n'y eût à craindre ni dangers, ni ennemis, le premier novice venu vaudrait pour ser-vir de pilote ; mais dans la réalité actuelle, où l'art de la navigation et de la guerre maritime occupe les plus grands génies et invoque le secours de toutes les sciences, que serait cet ignare ou inexpérimenté matelot au timon ? De même pour les gouverne-ments politiques. Qu'on dépeuple l'Europe, qu'on la recouvre de ses immenses forêts primitives et que de l'Amérique antérieurement civilisée et remplie de populations, il débarque, par exemple, dans la partie de la France actuelle, des émigrants qui prennent position dans son désert, y exploitent le sol et s'adonnent à être les fournisseurs à bon compte de la mère-contrée ; qu'ils se délient de la métropole avant d'avoir couvert la vingtième partie de l'espace dont ils peuvent librement disposer, et alors je comprendrai que les affaires de ces divers comptoirs et entrepôts, qui seront les États-Unis de l'Europe, soient gérées par deux conseils d'administration et un directeur amovible. Mais rêver cela, en l'état des choses, c'est faire l'inversion la plus complète et commettre le plus monstreux anachronisme qui se puissent imaginer !

Aux États-Unis on ne s'occupe de l'élection présidentielle qu'à son temps ; en France, tout intervalle d'une présidence serait employé par les divers partis à préparer à leur profit exclusif la suivante. Aux États-Unis on n'est guère jaloux d'exercer le pouvoir et il n'y a pas un seul trouble qui l'ait pour but ; en France la cause de toutes les agitations, de toutes les intrigues, c'est d'y arriver ; c'est un honneur que l'on met au-dessus de tous les autres, et il est convenu de le regarder comme un honneur, quelques moyens qu'on prenne pour y parvenir. Les motifs apparents de tous ces gens qui nous ameutent au nom de la République, sont la position besogneuse du peuple, la misère des classes ouvrières, l'amour de la simplicité, l'antipathie de la corruption, etc., etc., etc. ; leurs seuls motifs réels sont l'ambition de gouverner et le dépit de ne pouvoir conquérir d'influence par les voies d'ordre et d'avertissements désintéressés !

C'est la République démocratique, c'est la République sociale, c'est la République humanitaire qu'ils désirent ; aucun d'eux ne parle de la République heureuse.

Il ne peut y avoir de telle, il n'y a même de véritable République , que la République monarchique ; et on sera de mon avis, si l'on entend par là, comme cela est dans le mot même, la chose de tous, la chose qui garantit, protège, règle la liberté et les droits de tous. Les autres gouvernements ne représentent pas la chose publique ; ils ne sont que la chose de telle fraction de la société , quand cependant ils ne sont pas tout crûment et simplement la chose de tel citoyen.

Dois-je parler de ces appétits d'ogre que les sombres conteurs de carrefour prêtent généreusement aux monarques leurs prédécesseurs et usurpateurs de leur trône, et du poids ruineux d'une liste civile ? En admettant ce dernier effet, il y aurait aux prétendants de la populace une audace que l'on ne peut imaginer et trouver que chez ces gens-là, à se charger du reproche ; puisque leur liste civile future doit, comme chacun sait, se composer de tous les biens de France à distribuer, à véritablement gâcher et perdre entr'eux et leurs prétoriens. Mais la première assertion est une si grande naïveté et la seconde un si palpable contre-sens, qu'elles ne prouvent que deux choses; la badauderie incurable du pauvre peuple et l'ignorance la plus élémentaire chez ses étranges princes des modes de circulation des produits.

Pour peu que le peuple voulût bien faire usage de son bon sens, bien supérieur aux divagations des chefs qu'il s'est laissé imposer : il arriverait vîte à les chasser honteusement de ses conseils au lieu de leur y dresser des tribunes pour tendre l'oreille et applaudir à leurs grotesques mais dépravantes inventions !

Je passe sur l'ogrerie personnelle qui est une question à vider de cuisinier à cuisinier (*), et je viens à la liste civile, pour dire que, s'il y avait quelqu'un qui dût se réjouir et profiter de sa

---

(*) Du reste, si je suis bien informé, ces princes plébéiens ne se font pas faute de bien vivre quand ils peuvent; et l'on ne devrait donc pas leur faire un mérite de leur impuissance habituelle. Quant à ceux mêmes qui garderaient cette sobriété cénobitique dans tous les cas et dans toutes les positions, je ne m'enthousiasmerais pas d'eux pour cela, car il n'y a rien tant à craindre que ces natures farouches, à sang brûlé par les veilles et les privations. Ce n'est pas de ces ambitieux à visage joyeux et ouvert que j'ai peur pour la chose publique, disait un Romain, c'est de ces mines délabrées et de ces regards soucieux. Marat était frugal et passait sa vie dans des souterrains, et hors de là, au sommet du pouvoir même, rien ne l'aurait contenté ni rendu tranquille ; car il n'y a pas de belle habitation qui puisse empêcher les bêtes fauves de s'y agiter et de viser à mal.

quantité, c'était précisément le peuple de Paris
au profit de qui elle se dépensait, et que, s'il y
avait quelqu'un qui dût se plaindre, c'était le
peuple de la province qui n'en bénéficiait guères.
Ceci ne me paraît pas avoir besoin de démonstration,
et l'antipathie qu'il est de bon air aujourd'hui d'avoir
contre cette forte concentration de capitaux et généralement contre les grandes rétributions aux fonctionnaires, provient, comme je l'ai dit, du peu de portée
que nous avons dans les sciences économiques et qui
nous fait regarder les riches comme les sangsues du
peuple, tandis qu'ils sont ses alimentateurs. Il n'y aurait
tout au plus que les avares et les enfouisseurs de trésor
qui mériteraient cette appellation, et encore pour peu
de temps, puisque leur trésor ne va pas avec eux en
terre, et qu'à père avare succède enfant prodigue, ou,
au moins, libéral et désireux de jouir. L'impôt en
masse ne devient dommageable à la chose publique
que lorsqu'il est arrivé à ce point d'absorber tous les
bénéfices et d'empêcher la formation de nouveaux
capitaux ; mais autrement, il est fécondant. En effet un
franc, par exemple, qui serait inutile ou peu profitable dans la bourse de chaque contribuable, multi-
plié par leur nombre, arrive à faire un capital immense qui se rend à l'industrie, à l'agriculture, et les
vivifie par les mains de la personne qu'on en a fait le
dépositaire ; car, à exactement parler, ce serait ainsi

que l'on devrait nommer un riche, fût-il même roi.
Chaque accumulation de fortune est un nuage qui
s'est formé de parcelles d'évaporation invisible et
qui les rend à la contrée en une pluie bienfaisante. De
même pour les gros traitements, on a cru faire une
chose bien profitable au peuple-ouvrier en les suppri-
mant; on n'a fait que rendre plus irréparable sa misère, car quelle espérance de voir les ateliers de Paris
reprendre toute leur activité et leur importance, si
l'on n'y fait pas revenir les consommations auxquelles
ils avaient à pourvoir?

Ce sujet demanderait à être traité en longs détails
par une personne plus spéciale que moi ; mais ces
quelques lignes suffisent à mon but, et je ne les pro-
longerai que pour conseiller aux auteurs de ces sortes
de traités, de ne pas tenter, comme dans une publication récente, de faire croire que le rétablissement
des choses puisse arriver, avec des moyens quelconques, par enchantement; il n'y a, au temps où nous
vivons, ni enchanteurs, ni enchantés, ni résultat en-
chantant, et, jamais il n'y a eu plus d'inconvénients
à des promesses trop belles.

Si l'on s'avisait de me demander ce que je pense de
la république actuelle, je serais vraiment fort embarrassé ; car chacun y a pu voir depuis février tout ce qu'il
a voulu et personne n'y a pu voir ce qu'il eût désiré ;
ç'a été, selon une expression qui nous vient d'outre-

Manche, un gouvernement anonyme. Jusqu'au 25 juin, il n'a été ni dans la chambre, ni dans le pouvoir exécutif, ni dans la garde nationale, ni dans les faubourgs ; il a été dans tout cela pêle-mêle, il a été dans les évènements ; depuis le 25 juin, je crois y voir un des attributs du pouvoir : la force ; mais je n'y vois et je crains de n'y voir que cela, trop exclusivement cela ; plaise à Dieu que je me trompe !

Mais cette partie de mon ouvrage doit avoir une conclusion pratique, et la voici : Si le peuple français (j'entends par là la France en général) partage les opinions que je viens de développer, qu'il use de sa grande voix légitime, légale, pour demander une terminaison monarchique. Ce serait par trop de pusillanimité ou de déférence que de continuer indéfiniment à abaisser sa souveraineté devant l'infaillibilité si faillible de MM. Ledru-Rollin et Lamartine qui, après tout, sont ceux qui l'ont mis en république ; car cette fois encore, tout en phrasant fort haut et en protestant du plus profond respect pour son avis et ses droits, on a décidé sans lui, sachant fort bien qu'une chose décrétée a plus de force pour obliger même ceux qui ne l'approuvent pas, que cette chose simplement proposée. La France a jusqu'ici subi l'invention de deux ou trois députés et d'un gouvernement provisoire qui s'est nommé lui-même, et elle a eu raison, infiniment raison, jusqu'à voir et apprécier clairement, jusqu'à avoir assez d'éléments pour composer et dire son avis aussi à elle. S'il n'est pas encore déterminé, qu'elle attende qu'il le soit et jusque-là maintienne l'ordre avec soin ; s'il l'est, qu'elle le dise! une nation ne doit avoir peur de rien ni de personne. Mais comme je ne suis pas un menteur, un diplomate d'insurrection, je la prie bien de croire que mes paroles expriment toute ma pensée et que quand je lui recommande les voies calmes et pacifiques, non seulement je les trouve bonnes, mais je les trouve seules bonnes, seules capables de ne pas faire manquer le but qui est le bonheur et le droit de tous. Un résultat enlevé au bout d'une émeute peut être renversé par une autre ; un résultat surpris à la bonne foi et à la confiance est détruit par cette bonne foi éclairée et désabusée ; il n'y a d'inébranlable que ce qui se fait à la face du soleil, en vue et au su de tous, que la conspiration de tout le monde honnête et loyal enfin. Je ne me permettrai pas de désigner un nom ; c'est à mon pays à le prononcer en toute liberté de réflexion et de notions exactes. Je lui dirai seulement que la personnalité du premier chef d'une restauration, qui peut avoir à démêler son pays des mauvais filets de la révolution, en même temps qu'à ne lui demander de pouvoir et à ne lui imposer de restriction provisoire que ce qui est nécessaire pour la réussite, de-

vient d'une importance toute spéciale, et, que ce que
je lui désirerais principalement dans le caractère,
c'est une loyauté incontestable, du jugement plutôt
que de la verve, pas de système préconçu, et surtout
pas d'entêtement ; car c'est, je l'ai déjà dit, le plus
détestable défaut dans un personnage politique. Que
le peuple choisisse librement entre tous ceux qui
pourraient lui paraître convenables; mais que, loin de
se laisser influencer par des menées occultes d'un
prétendant quelconque, ces manifestations insolentes
soient un motif péremptoire de défiance et de refus.
Je ne parle pas des cas de tentatives armées, elles
sont exécrables, et il faut désormais laisser ce monopole aux héros des barricades de juin ; il n'y a pas
un honnête homme qui voulût, aujourd'hui que le
pays est en possession de se prononcer, se composer
de cadavres un marchepied au pouvoir, et il n'y a
de guerre civile justifiable que celle que l'on soutient
pour la défense des principes éternels attaqués.

En finissant, je puis dire à mes compatriotes
comme Montaigne disait à ses lecteurs : *ceci est un
livre de bonne foi*. En voyant le noble et beau pays de
France, cette terre où j'ai eu le bonheur, naguère
universellement envié, d'avoir été placé par ma naissance et dont l'histoire, bien mieux que toute autre,
m'a fait si souvent tressaillir et épanouir en mon âme
au récit des exemples de la loyauté et de la valeur

proverbiales de ses enfants, au souvenir de tant de
gloires aussi gracieuses que grandes, de tant de hauts
et purs apostolats de religion et de morale ; en voyant
ce pays de mes enthousiasmes et de mes enseignements descendre et descendre encore au milieu des
nations, comme pour expérimenter jusqu'à quel degré il peut s'engloutir sans totalement disparaître ;
en voyant ses hideux déchirements et ses discordes,
ses rébellions incessantes ; en voyant la facilité inouïe
avec laquelle son pauvre peuple, lancé hors de la
bonne voie, pouvait être séduit, trompé et odieuse-
ment exploité par des misérables sans nulle recommandation ni de cœur, ni de talent, ni de moralité,
ni de bienfaisance, en un mot de vertus d'aucune
sorte ; je me suis pris d'une incommensurable tristesse et j'ai cru, pendant quelque temps, n'avoir plus
qu'à noyer mon cœur dans l'amertume insondable
de ses regrets et de son désespoir. Ce n'est pas que
je n'eusse en moi le sentiment des causes de notre
effroyable cataclysme, car j'apercevais chez mes
concitoyens un débordement général de prétentions
irréalisables ou insensées ; j'apercevais les autels du
vrai Dieu délaissés ou visités sans croyances, à côté
de ceux des idoles terrestres envahis par une foule
avide et fiévreuse de convoitises. Mais à travers cette
incroyable confusion de toutes les erreurs, dans le
pêle-mêle de cette agitation bouillonnante, où trouver

le guide infaillible non de quelques-uns seulement,
mais de tous sans exception? Existe-t-il, me deman-
dais-je avec ferveur, une manière d'appréciation du
bien et du mal commune à toute l'humanité, aux
plus infimes comme aux plus hauts, aux plus pauvres
comme aux plus riches, aux plus ignorants comme
aux plus éclairés? Oui! m'a répondu mon cœur mieux
encore que ma tête, oui! et c'est dans la conscience
développée par le bon sens. Voilà la règle des chefs
pour leurs exigences; voilà la règle des subordonnés
pour leur soumission; voilà la règle de tous pour
leur conduite; voilà la planche de salut offerte à
chacun pour éviter le naufrage. Aussi bien, me suis-
je dit en définitive, Dieu n'a pas pu faire des bonnes
notions un privilége en faveur des seuls érudits; si
tous doivent être honnêtes, probes, c'est que tous par
eux-mêmes le peuvent; et, en effet, il a déposé en
chacun de nous le livre de la vie écrit en caractères
universels : consultons-le; consultons-le, voilà le
conseil par lequel je terminerai.

Quant à moi, quel que soit le sort de cet ouvrage,
quels que soient les animadversions ou les haines
qu'il pourrait m'attirer de la part des mauvais Français, il n'est désormais au pouvoir de personne ni
d'aucun évènement au monde de m'ôter les joies
ineffables que j'ai ressenties à m'occuper du bonheur
et du raffermissement de ma patrie, et à en conce-

voir encore la possibilité, ni la satisfaction d'avoir vu cette possibilité dans des moyens qui ne demandent ni une larme, ni une goutte de sang, ni indûment un sou à un citoyen quelconque. Maintenant je puis offrir, avec réserve mais avec confiance, mon âme à juger à Dieu, et cet écrit à apprécier à mon pays.

La majeure partie de cet ouvrage était écrite avant les épouvantables journées de juin. Depuis, je n'ai eu rien à effacer de ce que j'y avais déjà mis, rien à modifier de ce qu'il était en mon projet d'y mettre, et, à mon point de vue, la prophétie de ces horreurs était malheureusement si simple, que je n'ai eu aucun mérite particulier à l'indiquer dans mes autres prévisions. De la dernière partie du livre on peut déduire ce que je pense de l'état actuel de la France. Voilà donc la majorité de mon pays en faction permanente contre la minorité ! Combien de temps cela durera-t-il ? Voilà, il est vrai, au moyen de la contrainte militaire, l'insurrection contenue, mais l'ordre n'est pas rétabli, il n'y a que le désordre empêché, et, quelque grand que soit cet avantage, ce n'est pas tout, ce n'est même que la partie la plus facile de la tâche nationale ; car je suppose que nous voulons, à la fin, la paix de la liberté et non la paix de la tyrannie, quelque mitigée qu'elle soit. Eh bien, il faut infuser cette paix d'abord dans les esprits, dans les opinions, avant de prétendre à ce qu'elle se maintienne d'elle-même dans les faits ; il faut d'abord arriver à ce point, que chacun fasse sentinelle contre sa propre ambition et ses propres passions déréglées. Sans cela, la France est en réalité condamnée à une garde, à un état de siége perpétuels, à une immobilité absolue pour ses progrès, son bien-être intérieur comme pour son influence à l'étranger. En effet, les insurgés sont enfermés ou réduits à l'impuissance ; mais combien d'eux sont convertis ou désabusés ? Ouvrez la main qui leur serre les poignets, combien d'eux ne recommenceront pas à l'occasion ? Est-ce là un état supportable ? Est-ce là le bienfait définitif de la révolution de février ? de cette révolution surprise au pays et à la garde nationale parisienne par M. de Lamartine et M. Ledru-Rollin dans la chambre, et par l'armée, plus audacieuse que nombreuse, de celui-ci dans la ville ? Est-ce là l'idéalité du *National* et de ses hommes d'Etat ? L'histoire n'a jamais vu, l'histoire n'est destinée à revoir jamais un résultat si nul au bout d'une perturbation si complète, et la France ne sent-elle pas qu'il est plus que temps qu'elle inflige de sa voix collective sa véritable appellation à cette sanglante intrigue, immense par l'effroyable désastre de ses effets, misérable par l'égoïsme et la mesquinerie de ses motifs? Je crois fermement que ce temps est arrivé, et cette réaction générale de la province par ses gardes nationales sur le mauvais Paris m'en est un beau symptôme. Qu'elle dégage le mot caché sous cette manifestation et nous sommes sauvés. La main du soldat, pas plus que la main de la police, ne doit pouvoir fermer la bouche d'une vraie nation ; et pour la mienne, c'est bien trop longtemps déjà avoir pris son mot d'ordre au bureau d'un journal.

Ce n'est pas que je me défie du caractère personnel du chef du pouvoir, et que je méconnaisse l'importance du service qu'il a été appelé à rendre au pays. Ce n'est ni sa loyauté, ni ses intentions que je mets en doute ; je dis seulement que ces qualités, si magnifiques qu'elles soient, ne suffisent pas au gouvernement, et pour ma part, j'aurais été en juin plus complet admirateur de cette belle proclamation, de cette belle protestation de civisme, qui a plû à la France à bien juste titre, si je ne l'avais vue accompagnée du pénible contraste d'une violation tout à fait inutile et injustifiée de la liberté individuelle ; d'une confiscation vraiment orientale de la propriété de deux journaux, exagérés sans doute, mais essentiellement conservateurs et moraux dans leur but et leurs doctrines, à côté de l'impunité et de la licence accordées à des feuilles subversives et qui étaient les véritables évangiles de l'insurrection. Je tiens à le répéter, car la personne en est digne, je suis convaincu de la parfaite loyauté du général Cavaignac ; quelqu'é-trange que cela puisse paraître, le bourdonnement de la *Presse* et de *l'Assemblée nationale* était bien plus importun à son oreille que celui de *la Réforme* et du *Représentant du peuple* ; mais je doute que l'oreille du général fût sur ce point l'oreille de la France, et qu'il ne s'y méprenne pas, c'est un bill d'excuse et non de justification qu'elle lui a donné par son silence. Elle a souvent laissé les chambres et le pouvoir lui enlever bien d'autres libertés, sans réclamation immédiate ; mais elle a porté sévèrement, trop sévèrement en compte tous ces excès, après qu'elle a eu le temps de se reconnaître. Cette manière n'est pas la plus généreuse et la plus digne, et je désirerais pour mon pays qu'il criât aussitôt qu'on le blesse ; mais malheureusement il n'a pas encore acquis la permanence de courage civique qu'il lui faudrait pour cela, et qui le garantirait des bouleversements définitifs par des rectifications instantanées; des révolutions désordonnées, par des réformes régulières. Il y arrivera, je l'espère, quand son éducation publique sera faite et quand sa vue politique aura plus de pénétration ; mais en attendant, il faut étudier avec soin son tempérament actuel pour le bien comprendre et éviter la terrible réaction de son réveil.

Que le général Cavaignac jouisse donc des hommages et de l'enthousiasme d'un peuple enclin dans son premier élan, à exagérer le sentiment et la récompense des services qu'on lui a rendus ; mais qu'il soit prudent et que l'expérience lui serve de flambeau. Sa position personnelle si difficile, si impuissante, est celle de la France entière, actuellement arrêtée indécise entre les troubles, les exagérations et les pervertissements qu'elle craint des réformes sociales justement désirées dans une sage mesure, et la rentrée pure et simple dans les errements du passé, sans avoir rien appris, rien oublié. Si la France n'y veille, c'est l'ancien mouvement gouvernemental, sans plus de moralité, sans plus de principes, et par conséquent sans plus de stabilité, qui nous reviendra immanquablement ; et quant au général Cavaignac, en particulier, je crains bien qu'il soit condamné par ses vues et ses sympathies politiques, comme par les conditions de son pouvoir, à ne nous montrer que le moins mauvais prince de la dynastie plus présomptueuse que capable (*) du *National*, qui a été si vite et si tristement usée à la pratique du pouvoir dans ses *autres représentants.*

Un autre fait très-grave qui a eu lieu aussi depuis

(*) Je ne parle évidemment que de l'incapacité gouvernementale ; car qui a, par exemple, une plus belle et plus aimable intelligence que M. Marrast ; il a été, sans excepter même A. Carrel, le premier journaliste de l'époque, ses premiers Paris, dans le *National*, étaient des chefs-d'œuvre

que j'ai terminé cet ouvrage, c'est le monstrueux discours du citoyen Proudhon à la séance du 31 juillet.
Il a excité à bon droit l'indignation de tous les honnêtes gens, ce dont son cynique auteur paraît, du reste,
avoir pris déjà depuis longtemps son parti ; mais les
révolutionnaires, pour être conséquents, ne peuvent
le condamner que comme moyen et non comme but.
Car c'est celui auquel ils visent tous, celui qui forme
leur raison d'être politique : l'envahissement ou la
démolition, par ruse ou par force, de toutes les positions sociales au profit exclusif de la classe démocratique. Je devrais, pour parler plus étroitement et plus
exactement en même temps, dire : au profit exclusif
de la classe ouvrière ; car nos grands réformateurs, et
c'est là un fait aussi curieux que général, ne raisonnent,
ne calculent, ne stipulent que pour cette catégorie de
citoyens, et ne semblent pas se douter qu'il y ait d'autres intérêts et d'autres situations légitimes dans le
monde. Ce sont des génies d'entre-barrières, dont la
vue intellectuelle est bornée, comme l'étendue matérielle de Paris, par le mur d'enceinte.

Sous la dénomination de *République démocratique,*
il y a le désir de cette absorption où il n'y a rien, et
j'admire, quelque peu stupéfié cependant, la magna-

---

de verve, de coloris et d'ironie accablante, et certes ce n'est pas là une
mince et facile gloire.

himité et l'abnégation avec lesquelles les chefs de ce
parti tirent depuis février sur leurs propres troupes;
au point que bientôt il n'en restera plus que les généraux ou peut-être même le général, sans armée. On
ne peut pas mettre une meilleure grâce à s'exécuter
dans les principaux pour ne pas dire les seuls représentants de ses idées, car, une fois le personnel du
parti réduit aux hommes d'Etat du *National*, je demande quelle vue nouvelle il possèdera? Quel système
particulier, politique, social ou seulement adminis-
tratif il recèlera? Quelle classe de la société il repré-
sentera? En quoi enfin la direction de cette dynastie
différera essentiellement de la direction de la dynastie
déchue, qu'elle a si résolûment remplacée? Lorsque,
dans le passé, on demanda à M. de Rémusat ce que
l'on gagnerait à un changement de ministère, il ré
pondit : C'est le même air que nous jouerions, mais
nous le jouerions mieux. Ici nous pourrions dire,
c'est le même air que vous joueriez, mais vous le
joueriez infiniment plus mal et sur un instrument
b.isé que vous êtes incapables de réparer.

Il y a dans les tendances actuelles, ou une bien
robuste illusion, ou un sacrifice et un *meâ culpâ*
bien généreusement patriotiques. Dans l'un ou l'autre cas, la France doit se réjouir, car elle aperçoit
enfin le désir de calmer partout la tempête, même
chez ceux qui l'ont déchaînée, et du moment où ce

besoin sera encore un peu plus généralement senti, elle saura bien choisir et exiger la forme gouvernementale définitive, qui seule peut faire arriver au résultat.

En attendant, le *National* persiste à soutenir le *droit positif au travail*, et ceci prouve que les hauteurs du trône donnent fatalement le vertige à toutes les dynasties; car, comme l'a fort bien dit Proudhon, le plus rigoureux dialecticien du parti, c'est là une des formules de la révolution sociale poursuivie depuis février. Ou ce principe dans la constitution serait un leurre, ou, s'il y était inséré sérieusement, ce serait précisément à ceux que le *National* renie et fait proscrire que devrait revenir le pouvoir, pour exécuter ce qu'ils ont, seuls ou mieux que les autres, expliqué et conçu.

Le droit au travail est le second anneau de la longue chaîne de sophismes des révolutionnaires dont le premier est formé par l'axiôme de Syeyès cité dans le courant de cet ouvrage, et dont le point d'attache est une grossière erreur philosophique. Cette erreur consiste à établir en principe que le but de l'homme sur la terre est de *travailler*, d'être manouvrier, tandis qu'il est de *s'occuper*, d'occuper ses facultés ; ce qui, on le voit, est d'une toute autre ampleur et d'une toute autre variété. *Le travail* n'est qu'une partie spéciale de ce dont *l'occupation* est le tout.

Les socialistes, soit artifice, soit ignorance, multiplient ainsi dans leur style le manque de précision des
termes; de sorte qu'avec eux, il y a plutôt querelle de
mots que d'idées, et qu'une simple rectification gram-
maticale suffit souvent à faire écrouler l'échafaudage
de leurs raisonnements.

Un autre principe de l'école, qui, au reste, est
peut-être plutôt un moyen de tactique qu'une conviction, consiste à poser qu'il n'y a pas en droit de fortune particulière; que la propriété est sociale, est à
l'entière disposition de ceux qui ont pu ou pourraient
parvenir à se pousser au gouvernement, pourvu qu'ils
aient l'attention de lancer leurs décrets spoliateurs *au
nom du peuple français*. Au moyen de cette mauvaise
et impudente plaisanterie, il semble que l'on puisse
tout se permettre chez nous désormais et que l'on y
ait oublié qu'il y a des droits essentiels, constitutifs
de toute société humaine, dont même le consentement du peuple, à supposer qu'il fût aussi réellement
obtenu, qu'il est insolemment et indignement affiché,
ne saurait légitimer la violation; car les principes
qui servent de causes à ces droits sont donnés à l'humanité par Dieu et non par les hommes qui ne peuvent essentiellement rien contre eux. Ainsi, par
exemple, Proudhon arriverait-il à obtenir l'autorisation de prendre aux possédants le tiers de leurs
biens pour pouvoir les dépouiller du reste, que l'ac-

tion n'en demeurerait pas moins à jamais une horrible iniquité doublée d'escroquerie ; car sa manière
avec les possédants, qui actuellement seraient les plus
forts, s'ils faisaient résistance, est celle-ci : « Laissez-
nous vous tondre du tiers de votre toison, leur dit-il,
ce sera pour en préserver et améliorer les deux autres
tiers. » Si cette finesse, dont l'inhabileté ne retire pas
l'ignoble perfidie, pouvait réussir, alors il lèverait le
masque et dirait hardiment : « Je ne vous ai demandé
ce tiers qu'afin d'acquérir la force suffisante pour vous
dépouiller du reste, et maintenant, j'y procède bon
gré mal gré.

Eh bien, aucune autorisation au monde ne pourrait légitimer ni justifier une telle spoliation ; car le
droit de propriété n'est ni national, ni social, et, à ce
titre, l'Etat ne peut y avoir nulle prétention. Rien, en
effet, ne saurait faire que je ne sois pas le créateur,
l'améliorateur de ma fortune ou la survivance incarnée, l'intime remplaçant de ce créateur, le fils de mon
père, en un mot. Est-ce de cet être collectif, de cet
être de raison nommé état, société, et compris à sa
manière particulière par chaque systématique, que je
tiens, à une époque quelconque, ma fortune ? Nullement, je ne la tiens que de mon travail, de mon industrie, de mes échanges, de la récompense de mes services
personnels, ou du travail, de l'industrie, des échanges,
de la récompense des services personnels de mes

ancêtres, en un mot que de moi ou des miens. Qu'est-ce que l'*être social* a donc à y réclamer? On voit que l'ensemble des fortunes particulières forme la fortune additionnée de la société, mais non la *fortune sociale*, qui est une chimère aussi absurde que dangereuse.

La haine que porte cette école *au capital* et que Proudhon, pour être jusqu'au bout conséquent, étend *à l'épargne*, ne provient que d'un sentiment de barbare et aveugle jalousie; car tout capital a commencé par être un revenu, et est le produit d'un travail prochain ou éloigné, d'économies opérées, dans le passé, sur des salaires. La propriété en devrait donc être, aux yeux mêmes des socialistes, aussi pure que celle du salaire du travail immédiat dont il n'est que l'accumulation. Si vous voulez empêcher le capital, proscrivez l'épargne comme fait Proudhon. S'il paraît plus horrible que vous, c'est parce qu'il est plus complet; c'est parce qu'il veut achever ce que vous avez seulement le courage ou le besoin de commencer ; c'est parce qu'il peut, lui, avoir une monstrueuse conviction; tandis que, chez vous autres, c'est surtout une affaire d'ambition personnelle, qui vous permet de vous borner à tenter de déblayer assez de place au sommet pour vous y pouvoir installer.

Si, en effet, vous admettez la légitimité de l'épargne, vous admettez implicitement la propriété, son hérédité qui n'est que la continuation de son accu-

mulation et, en définitive, tout l'étagement actuel de
la société ; car de quel droit et sous quel prétexte
voudriez-vous ensuite assigner des limites à cette faculté ? Direz-vous que celui qui épargne pour vingt-
quatre heures est un honnête démocrate, et que celui
qui épargne pour vingt quatre ans est un voleur aristocrate ? La vertu consistera-t-elle, selon vous, à épargner assez pour acheter une veste, et la dépravation à
épargner assez pour acheter un habit ; à épargner
assez pour faire bâtir un pignon, ou à épargner assez
pour faire bâtir la maison entière ? Vous voyez bien
que c'est Proudhon qui est votre maître à tous, en
fait de logique.

Il est vrai qu'avec son système il n'y aurait plus
bientôt ni aristocratie, ni démocratie, il n'y aurait plus
de société. En effet, s'il parvenait, selon ses dés rs, à
priver d'intérêt le capital, il ne deviendrait pas maître
pour cela de celui qui est aujourd'hui accumulé en
numéraire ; il le forcerait seulement à aller chercher
son placement à l'étranger : de sorte qu'il ne resterait
plus, en France, que des capitaux immobiliers ou
sous formes de produits confectionnés. Mais, comme
après tout, ce serait des capitaux, des accumulations
d'épargnes, des propriétés, enfin, ils seraient illicites
et alors l'État, personnifié sans doute dans Proudhon,
s'en emparerait et en réglerait à son gré l'usage et
les transformations, les échanges, et ainsi rentrerait

dans le système de M. Louis Blanc, avec l'égalité de salaire et la comédie élective de moins ; ou bien, ce qui est plus probable, la bande des sectaires, procédant immédiatement *à la liquidation*, chercherait à s'en faire une distribution telle quelle. A toutes forces d'imagination, on conçoit cette répartition possible par portions à peu près égales, pour ce qui regarde les produits confectionnés ; mais elle devient extravagante, même théoriquement, pour les immeubles. En admettant cependant ce résultat obtenu d'une manière merveilleuse quelconque, l'homme réduit à son infime quote-part, ne pouvant ni acquérir, ni épargner pour la compléter et l'élever à l'état d'une chose utile à son usage ou à sa conservation, serait plus misérable que le sauvage que rien ne force, au moins, à se contenter de la moitié d'un coco, quand le fruit entier est nécessaire à sa faim.

Et voilà cependant où aboutirait, dans son application rigoureuse et complète, le système de ce génie financier que quelques-uns admirent, du moins à ce point de vue, et qui se croit permis de prendre des airs de burlesque dédain envers M. Thiers, son antagoniste. En vérité, ne vous laissez pas décontenancer par la morgue de ces gens-là, passez outre pour examiner ce qu'ils cachent dessous, et vous serez étonné des misérables pauvretés qu'ils enveloppent si superbement !

Le citoyen Proudhon est à ce point neuf dans les matières sur lesquelles il dogmatise avec tant d'aplomb, qu'il montre dans son discours ne rien comprendre au crédit. « Le crédit, y dit-il, s'adosse à des *réalités*, à des *hypothèques*, non à des *sentiments*, à des *hypothèses*. » Il s'y adosse, c'est vrai; mais il ne s'en constitue pas. Le crédit, quoi qu'il en puisse penser, est un véritable *sentiment* de confiance dans la possibilité de reprendre sur ces réalités les avances, au cas où l'emprunteur ne pourrait ou ne voudrait pas rembourser autrement; le crédit consiste donc, non dans le gage, mais dans l'assurance qu'a le prêteur du droit abolu sur ce gage, jusqu'à concurrence du montant de son prêt. M. Proudhon ne trouverait pas un sou sur la garantie des mines du Pérou, qui sont cependant une fort belle réalité, parce qu'il ne peut nullement disposer de ces mines; ne trouverait pas un sou sur la garantie de tout le territoire français, parce que, quand il dirait qu'il peut en disposer comme propriété sociale, on lui rirait au nez. Le crédit s'appuie essentiellement sur le droit de propriété individuelle, et il y a folie à penser qu'on obtiendra le premier après avoir nié le second; et, pour rentrer dans le sujet spécial du discours, n'est-il pas curieux de voir ce singulier divagateur prétendre à inspirer confiance aux créanciers pour le crédit à venir en commençant par les frustrer du tiers de leur dû dans le crédit qu'ils ont déjà fait!

Dois-je m'arrêter sur cette bouffonnerie, *que la consommation de chaque individu peut devenir infinie?*, il n'avait pas besoin d'aller jusque-là pour faire trouver son discours une véritable œuvre de démence.

En résumé, réduits à la partie purement financière et économique, les systèmes des socialistes sont pitoyables. Ce n'est pas là qu'est le danger de leurs livres: il existe, comme je l'ai déjà dit, dans l'excitation des mauvaises passions et des convoitises physiques chez des masses souffrantes et avides de soulagement, dans le pervertissement des notions de la justice et du droit, dans l'inique division qu'ils font des citoyens en spoliés et en spoliateurs, et jusque dans ces habitudes de style, sur lequel on dirait qu'ont déteint des rêves rouges. Ainsi, Proudhon ne parle que de tuer; la Chambre a tort de rire, car il la *tuera*; il ne veut pas *tuer* M. Thiers, car sa mort ne le satisferait pas.... Voyez le glouton, elle ne le satisferait pas, même après celle des Négrier, des Duvivier, des Bréa, etc., etc., etc., tous braves gens qui ne pensaient guères donner leur vie pour des voleurs et être un tant soit peu voleurs eux-mêmes; même après celle de tant de victimes égarées derrière les barricades par l'instigation de leurs détestables professeurs de droit et dont le sang faisait battre des cœurs mille fois meilleurs, peut-être, que celui de l'homme de qui les doctrines avaient tant contribué à les pousser dans la lutte ; de cet homme qui allait assister au spectacle de leur mort avec la tranquillité curieuse des anciens Romains, aux combats de leurs bêtes fauves dans le cirque. Et c'est pour les idées, pour les intérêts de pareilles gens que des milliers de citoyens se révoltent et s'entretuent. Pauvre humanité !

NOTE.

(A) Tout le monde se souvient des différends de la France et du Mexique, qui aboutirent à la glorieuse prise du fort Saint-Jean-d'Ulloa, par l'amiral Baudin. Ne voulant user qu'à la dernière extrémité des voies de rigueur, nous nous contentâmes d'abord et pendant longtemps de mettre les côtes de ce pays sous blocus ; nous avions en vue par là d'amener les Mexicains à composition, en empêchant avec eux tout commerce et en épuisant leurs douanes, principale source de leurs revenus publics ; ce sont là les conséquences déterminantes d'un blocus. Le nôtre fut dénoncé à toutes les nations et reconnu par elles. Dans un tel état de choses, la puissance qui bloque a le droit rigoureux d'interdire toute communication avec les ports bloqués ; mais notre chef de division, M. Bazoche, voulant concilier les devoirs de son service avec les procédés dont savent user entre elles des nations civilisées, et dont la France a fourni au monde les plus constants et les plus généreux témoignages, laissa l'autorisation aux navires de guerre étrangers d'avoir des rapports avec la terre. Les Anglais en usèrent loyalement et discrètement ; mais les Américains profitèrent de cette facilité pour convertir leurs navires de l'État en navires de commerce et faire les fraudeurs au profit de leurs marchands. Ce premier fait n'est encore presque rien, ils nous avaient accoutumés à ne pas nous étonner de bien pis ; mais en voici un second plus complet. Malgré la connaissance du blocus, leurs bâtiments marchands chargeaient, à la Nouvelle-Orléans surtout, pour le Mexique, et ils guettaient, une fois sur la côte, le moment de l'éloignement ou d'une autre occupation du croiseur français, pour donner dans le port prohibé. C'est ainsi que, pendant l'absence de notre brick *le Laurier*, commandé par M. Duquesne, une de leurs goëlettes parvint à entrer à Matamoros. Notre croiseur, à son retour, l'y aperçut et le commandant se promit de neutraliser les profits de sa fraude en l'empêchant de sortir, car ce navire était de bonne prise depuis sa violation des règles de l'embargo ; mais son capitaine, qui savait fort bien ce qu'il encourait, se détermina à venir trouver M. Duquesne : « Commandant, lui dit-il de son air le plus convaincu, je savais bien que le blocus était déclaré, mais, foi d'honnête homme, je le croyais seulement établi pour la Vera-Cruz et Tampico, et non pour ce malheureux petit port, et d'ailleurs, je pensais que tant qu'il n'était pas gardé effectivement, l'entrée en était permise ; avec cette opinion-là, vous jugez bien, commandant, qu'un négociant devait rechercher les possibilités de son commerce, c'est notre métier et notre service, à nous. » Et puis vinrent la confraternité des deux peupl s, les souvenirs de l'indépendance, la liberté, Lafayette, bref, M. Duquesne se laissa aller et lui dit qu'il consentait, vu sa bonne foi, à ne pas confisquer son bâtiment, mais que cependant il ne pouvait pas prendre sur lui de le libérer définitivement, qu'il lui fallait le faire conduire à la Vera-Cruz, chef-lieu de la station où le commodore M. Bazoche, sur ses renseignements, le relâcherait aussitôt (et cela était certain). Cette décision éloignait l'Américain de cent cinquante lieues de sa route, car la Vera-Cruz est à cent cinquante lieues au sud de Matamoros, tandis que la Nouvelle-Orléans, destination de la goëlette, est à peu près à la même distance dans le nord ; mais elle était une insigne faveur en comparaison de la confiscation qui eût été de droit strict ; aussi le capitaine l'accueillit-il avec de grandes démonstrations de gratitude. La goëlette sortit donc du port, et, en simple accomplissement des formes militaires, M. Duquesne mit à bord un détachement de neuf matelots français, sous les ordres d'un jeune officier, M. Le Coat (depuis noyé dans le naufrage du *Berceau*), à qui il dit que ce n'était que pour la régularité de la chose qu'il le faisait aller sur ce navire, et à qui il recommanda de traiter l'Américain comme un ami, non comme un prisonnier, et de lui laisser même la direction de son bâtiment. L'officier français était homme à comprendre l'esprit de ces observations, mais sa générosité d'âme lui fit dépasser les limites de la prudence. Il avait tout d'abord laissé la manœuvre du bâtiment libre, se contentant de tenir ses matelots armés ; ce reste d'appareil lui paraissant encore devoir blesser, par un air d'injuste défiance, le loyal capitaine, il alla à lui. « Mon cher ami, dit-il, je répugne à cet aspect de surveillance envers un homme comme vous, et je veux en finir sur ce point ; donnez-moi votre parole que vous ne ferez pas fausse route, que vous vous rendrez à Vera-Cruz où nous nous dirigeons, alors je désarme mes gens et nous vivons tout-à-fait en dignes et vrais camarades. » La parole fut donnée et redonnée avec joie, comme bien l'on pense. « Moi, faire fausse route! moi, reconnaître ainsi les bontés de votre commandant et votre si belle confiance! mais y pensez-vous! je serais un être sans cœur, un être à couvrir de mépris. » Le désarmement des matelots eut lieu, la nuit vint, et M. Le Coat se retira dans sa chambre sans nulle appréhension ; mais le lendemain, quand il voulut remonter sur le pont, il trouva que toutes les portes avaient été barrées ou clouées en dehors et il sut que ses hommes désarmés, sous le prétexte de fraterniser avec l'équipage étranger, avaient été enivrés et, en cet état, étroitement garrottés. Le navire fit route sur la Nouvelle-Orléans. On avait laissé à la chambre de M. Le Coat une petite ouverture libre par laquelle le capitaine venait encore essayer, avec des lazzis ironiques, de se justifier et proposer des vivres, mais notre noble jeune homme indigné se résolut à mourir de faim plutôt que d'accepter le moindre aliment de la main qui lui en offrait et resta ainsi trois ou quatre jours sans manger. — Arrivé à la Nouvelle-Orléans, il s'attendait, et il devait bien s'attendre, du reste, à avoir justice et à trouver la réprobation d'une telle infamie dans le cœur de tous les honnêtes gens; ce fut de la dérision et des plaisanteries ignobles qu'il y rencontra. « Voyez donc, s'entre-disaient ces dignes républicains, notre capitaine un tel, qui vient d'échapper à la croisière! figurez-vous que le Français l'a laissé libre sur sa parole! — Bah! mais c'est incroyable. — Figurez-vous que, maintenant, le Français réclame contre ce qu'il appelle la violation d'un engagement sacré. — Oh! pas possible, violer quoi? une parole! Qu'est-ce que cela, en style commercial? Où est-ce coté à la bourse? Ah! les Français! qu'ils viennent se frotter à nous! Neuf d'entre eux et un officier pris par cinq des nôtres! « Voilà quelques-unes des gentillesses de ces braves; elles ne tarissaient pas; et, à ce souvenir, il n'y a pas encore de bon Américain qui ne s'épanouisse de jubilation, car ce sont de ces exploits tout-à-fait dans le goût du terroir. Ce navire, qui était devenu propriété française, fut réclamé, à ce titre, au gouvernement de Washington, qui, il faut le reconnaître hautement, fut indigné de cette félonie et envoya à la Nouvelle-Orléans ordre de restituer ce vol. Hélas! il avait compté sans les institutions libérales des États particuliers; le gouvernement de la Louisiane décida qu'on n'obéirait pas à l'injonction centrale, et on n'y obéit pas en effet; le navire ne fut pas rendu. Voilà, j'espère, des rouages de gouvernement modèle, ô Français, courons donc vite aux leçons!

Précisément à la même époque, l'auteur de cette note était envoyé dans un but analogue, sur une autre goëlette aussi arrêtée en violation de blocus; mais, cette fois, le commandant du croiseur français avait pris sur lui, d'après l'indulgence qui était la règle générale de nos opérations, de ne le confisquer ni de l'expédier au chef-lieu de station; seulement, il le força à s'éloigner de la côte et à remonter vers la Nouvelle-Orléans. A son bord, on essaya aussi quelques ouvertures non pour le désarmement des hommes, mais pour l'omission des factionnaires que nous tenions au timon d'une manière permanente; ce fut inutile; nous répondions que ce n'était pas par défiance, que d'homme à homme nous nous serions complètement rapporté à eux, mais que les devoirs militaires avaient des formalités qu'il était d'un mauvais service de négliger, même dans les cas qui sembleraient demander le moins leur exigence. Après cela, nous fûmes ensemble, nous devons l'avouer, en termes très-cordiaux, à tel point que ce capitaine, arrivé à la Nouvelle-Orléans quelques jours après la goëlette de M. Le Coat ne put s'empêcher de désapprouver hautement cet acte de perfidie barbare; mais il fut traqué par ses compatriotes, on courut sus, et il fut obligé de chercher un refuge dans le quartier français.

A M. DE LA R...

LETTRE DE M. ODILON-BARROT,

RÉPONSE DE L'AUTEUR.

MON CHER MONSIEUR DE LA R... (1),

En vous offrant un exemplaire du livre que je pourrais appeler ma thèse d'entrée dans le monde politique, je rends un hommage bien sincère et bien doux pour moi à votre caractère public, et vous savez, depuis longtemps déjà, que je confonds votre caractère privé dans la même estime et la même affection.

D'homme à homme je sais que l'intérêt que vous voulez

(1) S'il ne s'était agi, dans la lettre suivante, que de la personnalité du général Cavaignac, je ne la publierais pas aujourd'hui qu'il est rentré dans la vie privée. Il n'est pas bon, selon moi, d'habituer le peuple à voir rabaisser ceux qu'on a auparavant élevés à ses yeux, même exagérément. Il faut qu'ils jouissent personnellement de tous les bénéfices de la position acquise, dès qu'elle n'a plus d'effet sur la chose publique. C'est là, je crois, un salutaire principe de stabilité dans les faits, et de consistance dans les opinions. Ainsi la France ne doit plus voir dans le général Cavaignac qu'un brave militaire et un citoyen bien intentionné. Mais je juge dans cette lettre des procédés gouvernementaux, dont les traditions peuvent survivre, et dont la discussion peut avoir son utilité d'enseignement pour nos épreuves futures, et, à ce titre, j'ai cru bon de la joindre à cette édition.

bien me porter, vous inspirera quelque inquiétude sur les conséquences immédiates d'une pareille publication pour ma position personnelle; mais toutes ces prévisions je les ai eues, tous ces inconvénients je les ai calculés, sans illusion, sans prévention, surtout sans le moindre goût pour le rôle de victime quand même, et j'ai fini par passer outre, en déplorant que quelque autre plus libre et aussi plus capable que moi ne se soit pas rencontré dans ces jours de crise et de désolation pour me devancer dans cette triste mais très-importante tâche de franchise et d'avertissement, et n'ait pas eu ces mêmes opinions que j'ai regardées comme un suprême devoir de rendre publiques, à tout prix pour moi, dès que j'en ai été convaincu et je pourrais dire tourmenté en ma conscience. Dans ma situation la loi du devoir est certainement dure à accomplir; mais après et avant tout, c'est la loi du devoir; *dura lex, sed lex*, et dans certaines âmes, quand on est disposé à lui obéir, elle dirige doucement; quand on lui résiste, par force elle entraîne.

D'ailleurs, pour la critique politique, si l'on attendait à agir que cela fût complètement indifférent aux intérêts, l'on n'agirait jamais; car l'on compromet toujours plus ou moins son fait actuel personnel pour le droit futur, général, dont le triomphe est problématique et dont les bénéfices, même après ce triomphe, sont plus problématiques encore pour celui qui a le premier remis dans la bonne route et qui, une fois qu'elle est devenue facile, y est devancé par d'agiles et astucieux concurrents auxquels l'ingratitude et aussi l'aveuglement des nations laissent tous les profits. Mais pour le salut de l'humanité, Dieu a mis dans quelques cœurs les jouissances du dévouement au-dessus des tourments de la persécution même interminable, et je viens humblement mais résolûment, après tant de grandioses figures de l'histoire, porter ma pierre à l'immense digue qui est destinée à empêcher la mer des mauvaises passions et des funestes théories de déborder sur le monde, et qui, tout consolidée qu'elle ait été par les blocs énormes que ces puissants génies ont pu y adosser, est devenue néanmoins bien malheureusement trop faible contre l'effroyable cataclysme d'aujourd'hui. Je ne me dissimule pas que je ne marquerai guères là dedans que par l'intention, mais je donne un exemple et peut-être le suivra-t-on ; c'est le plus ardent désir de mon âme ; car il y va de la vie ou de la mort de la nationalité française, sinon de la vie ou de la mort de la civilisation entière.

La France est, permettez-moi de vous le dire ici à cœur ouvert, bien abattue et bien molle; l'assemblée nationale bien en arrière déjà de l'opinion publique, et le général Cavaignac bien osé dans son but, avec toute sa fausse modestie de formes. Ce sont les fameux bulletins de la République qu'il veut imposer militairement à la nation, et il fait pis, bien pis que Ledru-Rollin qui les recommandait et voulait même nous forcer à les lire et à les apprendre, mais qui, du moins, ne confisquait pas sur eux la discussion contradictoire, qui la permettait aux risques et périls du contradicteur ! Un homme avec quelque gloire militaire, mais sans aucune consistance politique, a l'audace de dire à la France : vous serez bon gré mal gré républicaine, et républicaine à ma façon, et la France ne pousse pas une unanime clameur d'indignation, la France se tait, et l'assemblée nationale fait plus, elle applaudit ! Oh mon Dieu ! que sommes-nous devenus ? Et s'il était possible que cette apathie continuât, que deviendrions-nous ? La chambre en est encore à l'étonnement, aux incertitudes et aux espérances de l'époque de sa formation; mais la France a marché depuis; la leçon de l'effroyable expérience qu'elle vient de faire des hommes et des choses de la révolution a été bien autrement efficace que les avertissements de la sagesse et du raisonnement; rien n'instruit vite comme la réalité du malheur, et son dégoût pour le régime qu'on lui a imposé, qu'elle s'est laissé imposer en guise d'essai, supplée parfaitement aux convictions de la logique pour le repousser. Je ne suis pas ébranlé par l'adhésion de l'assemblée à l'étrange discours du chef du pouvoir exécutif, car elle n'est rien ou du moins n'est qu'une sanction impuissante de l'arbitraire, dès que la confiance et l'opinion du pays se sont retirées d'elle, et dès-lors ses applaudissements ne sont que les applaudissements de toutes les majorités aveugles ou endurcies qui cherchent à s'étourdir par de la frénésie bruyante sur les inquiétudes de leurs convictions ou le trouble de leurs consciences.

La République, celle qui consiste à faire injustement et désastreusement absorber toutes les positions et toutes les préférences sociales par la classe la plus ignorante et la plus incapable de gouverner, n'a pas de racines en France; les efforts de ses partisans, pour la faire tenir debout en dépit de tout, même du vœu national, sont aussi impuissants qu'injurieux au pays, et le général Cavaignac, pour peu qu'il eût eu de portée politique, n'eût jamais consenti à perdre sa réputation dans une tentative dont le succès est si évidemment impossible.

D'abord je crois qu'en aucun cas, un système de mobilité fréquente dans les chefs du pouvoir, et dans les procédés, sinon dans les vues politiques, ne pourrait convenir à un pays placé, étendu, varié et surtout centralisé comme la France; mais serait-il aussi restreint et aussi distendu

dans son administration qu'on voudra l'imaginer, qu'avec
ses mœurs caractéristiques il y aurait toujours impossibilité
à le démocratiser véritablement; car, comment imposer
longtemps l'égalité ou la presqu'égalité de fortune, de prétentions, de désirs, de genre de vie à des*hommes si divers
de goûts et d'imagination, et si appréciateurs des qualités
distinctives ? Aussi, on ne saurait s'y méprendre, l'agitation
actuelle des démocrates n'a nullement pour but de niveler
définitivement les fortunes et d'abolir les honneurs, mais
bien de les accaparer à leur profit exclusif; ils n'affectent de
vouloir ainsi d'abord leur abaissement que pour les faire
descendre à portée de leur atteinte et de leur envahissement;
une fois dans la place, soyez certain qu'ils en relèveraien
plus que jamais autour d'eux les remparts.

Au reste, cet exquis sentiment de toutes les variétés des
modes et des jouissances de la vie humaine, cette perception
si fine et si sensible des inégalités morales, intellectuelles,
artistiques, et même matérielles qui forment les étagements
essentiels de la société et qui y sont l'unique mobile de l'é-
mulation et de la perfectibilité indéfinie, au lieu d'être un
désavantage de notre nation, constituent au contraire les
conditions toutes particulières de sa gloire et la marque
incontestable de sa supériorité sur les autres peuples. Gar-
dons-nous donc soigneusement de diminuer la belle hauteur
de notre édifice sociale du sommet duquel la vue plane si magnifiquement sur le monde; laissons-en les communications
libres dans toute leur largeur d'un étage à l'autre; mais qu'on
y monte en ordre et non par irruptions sauvages.

La guerre que le géneral Cavaignac fait à la presse, et qui
lui méritera, s'il continue, le surnom de Robespierre de la
pensée, est aussi vaine qu'odieuse. Avec le journal confis-

que-t-il l'opinion qu'il soutenait et qui le faisait lire? Avec la discussion confisque-t-il les idées qui lui servaient d'aliment? ne les fait-il pas se concentrer et fermenter fâcheusement au contraire? Et, du reste, croit-il qu'il y ait aujourd'hui une main sacrilège assez large et assez robuste pour bâillonner la France entière? Où prétend-il donc en venir? S'il veut arrêter tous les journaux qui n'adoptent pas sa république rachitique et incolore, il faudra qu'il ne laisse paraître que le *National*, Moniteur de sa dynastie; car l'espace où l'on accepte complétement son système politique, si toutefois système il y a, est limité par l'étendue de cette feuille de papier. La presse n'invente pas les mauvais faits, ou si parfois elle est assez mal avisée pour le faire, c'est à ses dépens, car il n'y a rien de plus brutalement et humiliamment accablant que la démonstration d'un mensonge; son pouvoir et son rôle se bornent donc à les divulguer; et ce sont nos puritains qui osent aujourd'hui avouer que ce soit là un mal! C'est à stupéfier ceux qui dans leur simplicité avaient pris l'habitude de croire sur parole aux lumières, au désintéressement et au patriotisme de ces emphatiques apôtres de toutes les vertus.

Pour moi, je ne m'épouvante pas de la liberté de la presse, et il y a par trop d'audace et de mauvaise foi aux héros de février à attribuer à la *Gazette de France*, à *la Presse*, à l'*Assemblée nationale*, au *Constitutionnel*, tous les maux qui ont fait irruption sur notre malheureux pays depuis leur avènement. Mais cette liberté serait-elle un mal, qu'il faudrait aujourd'hui la subir comme un fait fatal, irrévocable dans l'humanité; car dorénavant tous les efforts seront aussi impuissants à la détruire, qu'ils le seraient à détruire l'imprimerie dans la même hypothèse; il n'y a de possible aujourd'hui que le gouvernement de discussion, et celui qui avoue qu'il ne peut pas la supporter, prononce sa sentence par cela seul ; quoi qu'il fasse pour se galvaniser, un peu plus tôt un peu plus tard il périra, et la plus péremptoire accusation contre la République, contre ce gouvernement qu'on prédisait devoir être dans le consentement comme dans l'intérêt de tous, sera d'avoir été obligé de supprimer une liberté qu'une monarchie même déviée des voies nationales, n'avait fait que restreindre. Et qu'on ne dise pas que c'est cela justement qui a fait tomber cette monarchie, quand il est si évident que non. Ce n'est certainement pas sous un coup de journalisme qu'elle a succombé, et les doctrines de la *Tribune*, de la *Réforme* et du *National* n'avaient pas, après dix-huit années d'exposition, tellement conquis de partisans, qu'il n'ait fallu à leurs professeurs user d'un escamotage frauduleux pour accaparer à leur profit exclusif les résultats de la manifestation de février ; ils ont su tirer un trop habile parti de l'antipathie de la nation pour le roi ; mais ils ne peuvent et ils ne pourront jamais l'empêcher de regretter la royauté, parce que la royauté est dans ses instincts, dans ses intérêts, dans ses nécessités immuables.

Et c'est bien en vain qu'on se promettrait que cette suspension des libertés sera momentanée ; elle durera tant qu'on voudra, ou pourra forcer la France au régime républicain, car cette forme de gouvernement ne pouvant être que le moyen d'établir la prédomination tyrannique de la classe précisément la moins avancée sur les autres, ou bien un moyen d'imposer à la France la loi et la direction d'une demi-douzaine d'ambitieux sans prestige, sans talent et sans idées, restera toujours sous le poids de l'antipathie ou du mépris de l'opinion publique dont on cherchera incessam-

ment à étouffer la manifestation. On peut juger à coup sûr
du degré d'acceptation d'un gouvernement chez un peuple,
et par conséquent du degré de sa légitimité par le degré de
liberté de discussion qu'il peut supporter, et soyez certain
que celui que nous subissons actuellement ne se hasardera
jamais à élargir beaucoup les limites de cette épreuve.

Le général Cavaignac, à qui je regrette d'avoir donné des
éloges même réservés à la fin de mon ouvrage, parce que je
crains bien aujourd'hui qu'il ne les justifie politiquement en
aucun sens, n'a plus qu'un moyen de prouver qu'il ne sert
pas son ambition personnelle ou celle de sa petite secte, et
qu'il est aussi convaincu qu'il le paraît de la bonté de son
principe républicain; c'est d'en laisser non pas l'attaque, je la
condamne absolument, mais la discussion libre. Il ne le fera
pas; car il sent bien que c'est à l'introduction de ce fatal
principe dans notre gouvernement que toutes les catégories
de citoyens, la catégorie surtout de ceux qu'on prétendait en
aider presqu'exclusivement, doivent leurs effroyables misères
et leurs perturbations actuelles. Il ne le fera pas, car c'est
justement depuis que par le résultat des élections municipales
et départementales, il a vu que la France s'était désabusée,
qu'au lieu d'augmenter de circonspection il a augmenté de
violence; qu'au lieu de donner la préférence au vœu mani-
feste du pays sur son opinion personnelle ou celle de sa
coterie, il a proclamé impertinemment que c'est le pays qui a
tort, et que, comme tous les pouvoirs dont l'opinion publique
et la sagesse se sont retirées, il a pensé à remplacer la sanction nationale par les votes d'une majorité intimidée ou irré-
sistiblement lancée sur sa pente primitive L'expérience du
passé sera éternellement inutile aux monarques entêtés; mais
est-ce donc encore cette fois au pays ou à S. M. Cavaignac à

céder ? Et n'est-ce pas déjà le comble de l'humiliation pour nous, d'être amenés après quatre mois de soi-disant république à poser de nouveau cette question ?

Comment, du reste, un homme non pas de délicatesse de sentiments, mais seulement de bon sens, peut-il être et s'avouer d'un parti qu'il soupçonne capable d'aller jusqu'à exiger de lui la perte de son honneur ? Il y a donc encore aujourd'hui en France une faction qui ait besoin de tels indignes sacrifices ! car à coup sûr ce n'est pas le pays ; c'est certainement l'outrager, lui, que de supposer qu'on puisse, en des circonstances quelconques, le servir de son infamie.

Général, si vous arrivez à laisser votre honneur après votre prestige et votre sagesse dans la partie que vous jouez, ce qui n'est pas impossible au train dont vous vous êtes décidé à aller, ce sera là, soyez-en sûr, votre condamnation et votre supplice éternels ; et en aucun temps, sous aucun régime honnête, ce ne sera votre gloire.

Je veux bien admettre mon cher monsieur de la R..., que ce n'a été cette fois qu'une exagération oratoire, mais c'est une exagération d'une mauvaise couleur, à la Robespierre ; c'est une exagération d'un partisan fanatique, et non d'un chef d'État.

Si après de telles étrangetés l'on soutient encore le général Cavaignac, ce n'est pas, j'en conviens, que l'opinion enthousiaste des premiers jours sur sa capacité et sa loyauté politiques soit restée intacte, c'est que dans la chambre ceux mêmes qui savent aujourd'hui à quoi s'en tenir sur cet artifice d'humilité, qui consiste à ne se reconnaître dans les mesures les plus personnelles que comme l'émanation de l'assemblée, et qui a tant de séduction sur une nation d'une vanité si peu difficile que la nôtre, ceux-là mêmes, dis-je, le croient le frein indispensable du désordre ! Mais quelle singulière prévention en vérité! Depuis quand donc le général Cavaignac est-il devenu notre plus haute capacité militaire? Depuis quand donc a-t-il acquis, dans le pays des Bugeaud, des Lamoricière, des Bedeau, des Changarnier et de bien d'autres, cette popularité si exclusive sur les troupes et les citoyens? Comment! ce n'est qu'à Cavaignac que les soldats et la garde nationale de Paris ont obéi et obéissent en défendant l'ordre et les propriétés? Comment! sans lui, toute cette vaillante et infatigable armée se débanderait! sans lui le négociant dont on chercherait à piller la caisse, ne verrait plus que cela est un vol! Sans lui l'ouvrier honnête et laborieux dont on tenterait d'incendier l'atelier où il gagne son pain, ne discernerait plus que cela est sa ruine? De telles idées, qu'on me permette de le dire, sont ridicules; et s'il y a, au contraire, quelqu'un pour prolonger extraordinairement l'inquiétude dans les esprits et l'instabilité dans les choses, c'est le général Cavaignac avec ses actes de vizirat, ses témérités de tribune, et son vague sentimentalisme populaire qui ne contente ni ne rassure, et n'est fait effectivement pour contenter ni rassurer personne.

La chambre actuelle renferme, sans doute, de belles et vertueuses individualités; mais en masse elle manque à la fois d'aptitude politique, de ligne de conduite et de flexibilité dans le jugement pour l'appréciation du remaniment rapide de l'opinion publique; ce qui lui fait vivre, quant aux mesures gouvernementales qu'elle ordonne ou qu'elle approuve, d'expédients journaliers; et ce qui lui fait suivre raidement la direction de ses premières impressions déjà si éloignées de l'exactitude; de sorte qu'elle arrivera bientôt, tout produit du suffrage universel qu'elle est, à se trouver en l'air dans le pays, et à voir les coups d'épée de son exécuteur se perdre dans le vide; et cela ira ainsi, déplorablement pour la France, mais ruineusement pour l'autorité et le prestige de l'Assemblée, tant que cela pourra; tout au plus jusqu'aux prochaines élections qui, à mon avis, étonneront bien des oracles de février.

Mon cher monsieur de la R..., voilà qu'au lieu d'une courte dédicace je me suis laissé aller à vous faire une longue lamentation politique : c'est que mon cœur déborde de tristesse et de désenchantement. Toujours donc de faux héros! de fausses idoles et de fausses confiances! toujours donc des théoriciens osant violenter les salutaires instincts du pays, et des chambres qui, dans leurs peurs, au lieu de s'adosser de plus en plus énergiquement à lui, s'en séparent au contraire pour s'égarer à l'aventure à la suite d'ambitieux, pour leur compte ou pour le compte d'autrui, mais jamais pour celui de la nation! Toujours sa voix à elle méconnue, dédaignée ou même étouffée par des mains sacrilèges auxquelles elle avait délégué sa force pour un tout autre but! Toujours des comédies et des comédiens qui font de leurs spectateurs et bénévoles admirateurs populaires, leurs victimes! Et voir ma malheureuse patrie ainsi troublée, divisée, affaiblie, livrée à de pareilles capacités en présence d'une Europe menaçante et, à son exemple, saisie de vertige, à la veille du plus terrible remaniment de la carte politique qu'il y ait jamais eu, et peut-être même d'un déplacement de la civilisation! n'y a-t-il donc pas là bien de quoi me remplir de contristement dans mes sentiments de citoyen et de Français, et ne dois-je pas déplorer amèrement qu'on veuille empêcher la nation de se remettre sur ses véritables et larges bases avant le choc? Hélas! le funeste génie des révolutions nous a fait perdre la raison; la première république déjà l'avait représentée en déesse, comme pour indiquer que dès lors elle avait disparu de la terre; depuis elle n'y est pas redescendue et, à la façon dont nous allons, il y a à craindre que son apothéose ne soit éternelle.

Oh! mon cher Monsieur, que l'horizon est sombre, et qu'aujourd'hui on paie cher en son âme le peu de discernement politique que l'observation et le raisonnement ont fait acquérir! Mais une fois entré dans cette voie d'investigation on ne peut s'arrêter; il faut plonger son regard jusqu'au bout et publier ce qu'on y a entrevu, ce qu'on y découvrira encore, quelqu'horible et fatal que cela soit et puisse être. C'est, je crois, une mission de conscience envers la patrie et l'humanité, et puisque j'ai eu le courage de la commencer, je n'y faillirai pas. Peut-être aussi ma critique gagnera-t-elle en autorité de tout ce qu'il me coûte et de tout ce qu'il peut me coûter encore de la faire, et je serais heureux de la voir arriver à l'appréciation de mes lecteurs sous le bénéfice du passeport de son désintéressement.

Septembre, 1848.

Monsieur, je vous remercie de la brochure très-remarquable et par le fond et par la forme que vous avez bien voulu m'adresser. Je l'ai lue avec intérêt et grand profit. La peinture que vous faites de notre état politique et social n'est que trop vraie, et le châtiment que vous infligez à nos prétendus socialistes, qui ne tendent à rien moins qu'à détruire le principe même de vie des sociétés est parfaitement mérité. Je pense seulement, pardonnez-moi cette critique, que pour trouver un remède efficace à nos maux, vous regardez trop en arrière. Vous regrettez les croyances, les classifications de notre vieille société ; vous soupirez après cet ordre de choses qui ne donnait à chacun que des perspec-

tives limitées dans ce monde et dirigeait les désirs infinis
vers une autre vie ; vous pourriez comme moraliste avoir
raison que, comme publiciste, c'est-à-dire étudiant les faits
et les possibilités, vous vous exposez à mériter le reproche justement adressé à nos adversaires ; vous feriez de la pure spéculation en arrière, comme ils en font, eux, en avant. Il faut
prendre la société telle que le mouvement de la civilisation
et le progrès humain l'ont faite, s'efforcer de diriger le torrent, mais ne pas vouloir le remonter. La démocratie, même
avec toutes ses conséquences, l'égalité civile et politique même
dans son absolu, ont plus d'éléments conservateurs qu'on ne
le croit ; seulement la science politique consisterait à les reconnaître, les dégager, les grouper et les armer contre l'a-
narchie. Je reconnais que la destruction de tous priviléges,
de toutes distinctions, de toutes classifications politiques et
sociales, n'ont plus laissé debout et vivante qu'une seule inégalité, la propriété, et que, par suite, c'est elle qui, désormais,
sera le seul et unique but de toutes les passions humaines ;
tous les ouvrages avancés qui la protégeaient ont été succes-
sivement emportés ; elle reste comme ces citadelles qu'il faut
défendre à outrance ; mais croyez-vous que la démocratie,
une fois qu'elle aura bien l'intelligence de cette nécessité, et
de cruels enseignements la lui ont déjà donnée, n'y suffira
pas ? Voyez comme la démocratie américaine défend la plus
odieuse des propriétés, l'esclavage dans les républiques du
Sud. Espérons donc que notre démocratie saura défendre
avec plus d'énergie encore, parce que se sera avec plus de
justice, cette propriété purifiée de notre Code civil, en dehors
de laquelle on ne conçoit plus de société possible. Les hommes qui ont fait la révolution de février, ont cru pouvoir
inscrire sur leur drapeau république *démocratique* ; à la bonne

heure ! il y a longtemps qu'il n'y a en France que de la démocratie, et la forme du gouvernement ne peut rien changer
à ce fait que les siècles ont produit, mais ils y ont ajouté : *et
sociale;* or, en cela ils ont commis un énorme contre-sens;
car *démocratique* veut dire le plus grand développement des
droits individuels, c'est-à-dire de la propriété, de la famille,
de la liberté, de la commune, etc., etc., etc., et le socialisme
tendrait, au contraire, à confisquer, à absorber tous ces droits
dans une communauté dont on en est encore à rechercher
les conditions ; la société souffre en ce moment de ce mal-
entendu ; mais il est en train de s'éclaircir, et lorsqu'il le sera
tout-à-fait, la confiance renaîtra en haut et la résignation
en bas ; la société sera rentrée dans ses conditions normales,
et, Dieu merci, impérissables.

Voilà, Monsieur, une bien longue lettre ; je désire que vous
y trouviez une preuve du prix que j'attache à vos idées et à
votre œuvre, comme aussi un témoignage de ma considération distinguée.

RÉPONSE.

Monsieur,

Je vous remercie bien sincèrement de la lettre que vous
avez eu l'extrême bonté de m'écrire sur mon livre, et la
preuve la plus digne que je puisse vous donner de la valeur

que j'attache à ce témoignage, c'est l'effort que je vais faire
pour rectifier chez vous l'impression générale qu'il me montre que mon œuvre vous a laissée, et qui est tout à fait contraire à son esprit et à mon but. Bien que cette impression
défavorable ne puisse provenir que de l apparence, je com-
prends néanmoins qu'elle soit un grave inconvénient, et il
suffit qu'un homme aussi éminent que vous en ces matières
ait pu s'y méprendre, pour que je m'empresse de donner les
explications que ce défaut rend nécessaires.

« J'ai l'air, dites-vous, de regarder trop en arrière pour
trouver un remède efficace à nos maux ; je regrette les
croyances, les classifications de notre vieille société ; je sou-
pire après cet ordre de choses qui ne donnait à chacun que
des perspectives limitées dans ce monde et dirigeait les
désirs infinis vers une autre vie : je pourrais comme moraliste avoir raison que, comme publiciste, c'est-à-dire étudiant les faits et les possibilités, je m'expose à mériter le reproche justement adressé à nos adversaires ; je fermis de la
pure spéculation en arrière, comme ils en font, eux, en avant ;
et vous ajoutez en conclusion, qu'il faut prendre la société
telle que le mouvement de la civilisation et le progrès humain l'ont faite ; s'efforcer de diriger le torrent, mais ne pas
vouloir le remonter. »

D'abord, touchant ce dernier point, je me permets de penser,
Monsieur, un peu contrairement à vous, que lorsqu'on
aperçoit uniquement un chaos fangeux au bas de la fausse
route que le torrent a prise, il faut mettre toute l'énergie
d'un suprême effort à le faire remonter jusqu'à l'embranche-
ment où il a dévié.

Dans la voie de la civilisation et du progrès, on doit sans
doute, comme vous le dites, se borner à le diriger, et, aurait-

on la barbare envie de l'y faire rétrograder, que ce se ait bien
en vain; car l'immense courant de la société entraînerait,
quoi qu'on imaginât et fît pour y résister; mais la voie où elle
se trouve aujourd'hui follement lancée n'est point celle-là et
ne lui ressemble en rien; c'est celle d'un engloutissement
complet; aussi toutes les forces sociales vraiment progressives, qui, dans le premier cas, pousseraient au mouvement,
se réuniront ici, à mesure qu'elles discerneront leur effet
final, pour aider à regagner les traces éternellement bonnes;
c'est la seule condition de salut pour la société, et dans mes
principes c'est dire qu'elle y existe indubitablement.

Secondement, je regrette, il est très-vrai, les anciennes
croyances de la société, sinon dans leur application, du
moins dans leur essence; car elles me paraissent, comme je
l'ai dit en commençant mon livre, le seul ciment solide de
l'édifice social; et je désire aussi avec ardeur que les hommes
ne prennent pas la vie terrestre pour unique but et unique
espoir, car c'est en ce monde-ci que cette doctrine d'athéisme
mène directement à la mort totale qu'elle suppose dans
l'autre, et mène à cette mort à travers les ténèbres de l'âme
par les moyens les plus repoussants, les plus hideux, par les
égorgements, les brigandages et une dissolution putride de
tout le corps social. Mais loin de regretter les anciennes
classifications, j'exhorte expressément, au contraire, à détruire celles qui pourraient encore rester parmi nous : « Détruisez, dis-je à la page 76, tout ce qui reste encore de barrières, d'inégalités de privilége......; enseignez que si chacun
a droit à la même protection dans sa position sociale,
chacun aussi doit commencer par s'en accommoder, chacun
doit s'y maintenir ou y être maintenu, à moins qu'avec les
seules forces de son intelligence et de sa moralité, et non au

moyen d'excitements artificiels et éphémères, il soit capable
de s'élever vers les sommets par les bonnes routes, qui seront
toujours difficultueuses ; *mais qu'on a droit de voir complètement débarrassées d'obstacles et de retards purement conventionnels.* »

Vous voyez qu'il est impossible d'être plus complètement
démocratique que je ne le suis; dans la bonne, l'honnête
acception du mot, dans celle que vous lui admettez vous-
même ; et si je le repousse dans mon ouvrage, c'est parce que
le sens en a été perverti par les désorganisateurs avec lesquels
je ne veux point pactiser, même dans les termes.

Mais si je désire le renversement total de cet échafaudage
d'inégalités fictives, c'est pour démasquer complètement
l'immense édifice des inégalités naturelles et de leurs produits
à travers le temps, et non, comme les sectaires modernes,
pour l'entamer, lui aussi, après la destruction de ses mauvaises et périssables copies; c'est pour déblayer sur toutes
faces ce monument élevé, agrandi, orné au moyen des aptitudes les plus diverses et des droits acquis de tous, et dont
les admirables proportions sont faites pour se déployer et se
prêter indéfiniment à l'adjonction des nouveaux matériaux
offerts par le progrès des siècles et la perfectibité des œuvres
humaines; et c'est la faculté garantie à chacun de participer
à cette édification dans le rapport de sa capacité, ou personnelle ou héréditaire, qui seule constitue l'égalité sociale.
Pour autrement dire, l'égalité sociale n'est que l'égalité de
protection, accordée à toutes les inégalités essentielles ou
légitimement survenues dans la société par son mouvement
naturel et nécessaire.

La prétention de nos démocrates, à supposer qu'ils soient
de bonne foi et qu'ils eussent le courage d'aller dans l'appli-

cation jusqu'au bout de leurs systèmes, n'est pas l'égalité ; c'est l'égislation, l'égalisation à la mesure la plus infime ; et je m'indigne de les entendre se donner et de les voir être pris encore après cela pour les apôtres exclusifs de la liberté, tandis qu'ils en sont réellement les plus barbares oppresseurs dans toutes les positions ; dans les hautes qu'ils veulent uniquement abattre, dans les basses auxquelles ils **dénient** le droit de s'élever. Non contents de risquer, dans le présent, d'écraser leurs tristes victimes populaires par l'écroulement sur elles des étages supérieurs; ils ont encore l'infernal projet de murer avec ces immenses débris leurs vues sur l'avenir. Ainsi, surcroît de ruines et d'horreurs pour aujourd'hui, nul rayonnement d'espoir pour demain, voilà le résumé de ces cruelles doctrines. Quoi de plus atroce! Vous démocrates socialistes de toutes nuances, vous tous révolutionnaires quand même! Vous les amis du peuple! Non! mille fois non! vous êtes de faux ou extravagants frères qui ne lui ouvrez vos bras que pour l'y étouffer, et, si l'on traduit le mot *Démocratique* par *favorable au peuple*, ce titre ne revient à personne moins qu'à vous qui osez vous l'approprier exclusivement.

Je sais bien qu'il y a nombre de gens, même en dehors des sectaires, qui feraient bon marché de la liberté pour arriver à l'égalité; mais leur erreur est énorme, tellement énorme que par cela seul qu'on attente à la juste liberté d'un citoyen, on viole l'égalité; que par cela seul au contraire qu'on respecte la liberté de chacun, on constitue la véritable égalité, l'égalité relative par la répartition qui, en cet état, se fait équitablement, à l'amiable, des fonctions et des charges de la société entre les citoyens; et les lois ne devraient avoir pour objet que de stipuler officiellement la nature de ces réparti-

tions, les gouvernements pour mission que de les protéger
et de les maintenir intactes.

Il y a selon moi beaucoup de bonhomie à s'attacher
sérieusement à la réfutation des systèmes des novateurs, sous
le point de vue exclusivement financier; avec eux la question
n'est point là. Quand on s'est donné la peine de démontrer
longuement, et jusqu'à l'évidence, l'absurdité et l'inexacti-
tude de leurs calculs, l'iniquité de leurs prétentions, on croit
avoir victoire gagnée, on croit en avoir fini avec eux, tandis
qu'on ne les a même pas atteints; on n'a fait que déconcerter
des plans d'attaque qu'ils reprendront sous toutes autres formes. D'erreurs de chiffres, d'inégalités d'exigences, il s'agit
bien de cela vraiment! ce qu'ils poursuivent sous le nom de
révolution démocratique et sociale, c'est la décapitation de la
société, c'est la démolition en un jour de ces monuments de
fortune, d'arts, de perfectionnements; accumulations magnifiques des produits de 20 siècles et des efforts d'une multitude
de générations; et cela dans le but sordide de s'en partager les
informes débris, de s'en gorger pour un moment, comme ces
animaux immondes qui se vautrent dans la décomposition.

Ce qu'ils enterreraient sous ces immenses décombres matériels, ce seraient nos beaux résultats moraux, intellectuels et
artistiques; ce seraient notre goût, notre savoir; ce seraient
nos gloires, nos splendeurs et même nos vertus nationales, qui
sont aussi les produits accumulés des traditions et des exemples du passé; car non-seulement les biens se transmettent
d'une génération à l'autre, mais aussi les acquisitions de l'esprit et du cœur, et les sublimes génies dont nous admirons
les élans ne sont pas partis de raz de terre pour atteindre si
haut; ils ont pris leur essor du piédestal déjà élevé par les
travaux des âges antérieurs.

Ce qui arriverait donc de la réalisation des projets socialistes, ce serait le retour au chaos et à la barbarie rudimentaire. L'imagination humaine la plus vaste serait insuffisante à se figurer la minime partie des horreurs et des épouvantables calamités que coûterait au monde cette journée d'indigestion promise aux ouvriers, cette journée sans lendemain pour eux-mêmes.

On s'irrite, et avec des motifs spécieux, contre l'individu sans capacité ni mérite personnels, qui jouit par le seul bénéfice de sa naissance des avantages d'une belle position, sans penser que, socialement parlant, il a son utilité salutaire, même en se bornant à être le chaînon du passé à l'avenir.

On voudrait encore, et ceci n'est pas la prétention des socialistes seulement, que l'homme ne fût apprécié qu'à sa propre valeur, et que tous les également méritants fussent placés ou atteignissent au même point dans la société; mais cela est-il naturel, cela est-il possible? Cette règle ne pouvait s'appliquer qu'aux premières générations de la société; car aujourd'hui pouvez-vous faire que la vie ne soit pas arrivée à celui-ci dans une position sociale plus avancée qu'à cet autre? Pouvez-vous faire que par le seul sort de son origine, l'un ne soit pas remarqué, connu, aimé, et que l'autre ne reste pas ignoré, à moins de circonstances exceptionnelles ou de facultés transcendantes? Ce privilége, qui est dans l'essence même de l'organisation sociale, choque le peuple, parce qu'on l'a habitué à ne le voir établi qu'au profit des hautes classes, tandis qu'il existe à tous les degrés de l'échelle; le fils d'un commerçant qui succédera à son père honorablement connu, inspirera, par ce seul fait, plus de confiance qu'une personne aussi méritante, mais étrangère; le fils d'un honnête ouvrier intéressera le manufacturier qui employait son père, plus que tout autre enfant d'ouvrier. Il n'a été donné, ni par conséquent ordonné à personne d'étendre son affection et ses secours effectifs sur l'humanité entière ; chacun a sa petite sphère d'action dans les limites de ses connaissances et de ses moyens, et c'est par la réunion de ces innombrables progrès partiels que se forme le progrès général. De même dans l'ordre politique ; par exemple, est-ce qu'aux yeux des républicains le nom de M. Carnot père n'a pas été pour son fils une recommandation puissante? Supposez celui-ci partant de front avec tout autre individu de mêmes opinions, de même capacité que lui ; ne l'aurait-il pas bientôt dépassé? n'aurait-il pas bientôt trouvé une foule de bras tendus vers lui pour hâter sa marche, tandis que son compagnon inconnu serait resté isolé? Aux yeux des partisans de Robespierre, il en aurait été de même pour son fils, s'il en avait eu un ; qu'on n'essaie donc pas de nier et surtout d'empêcher l'avance que donne la position d'origine; on lutterait contre ce qu'il y a de plus naturel et de plus irrésistible au monde. La seule chose qu'on puisse demander et qu'on soit même en droit d'exiger, c'est que ce soit par les voies régulières qu'on poursuive les conséquences de ces avantages natifs. § Mais, dira-t-on, cette prédestination est inique ! nullement ; car la loi de notre devoir ici-bas n'est pas autant de chercher à sortir de notre position natale que d'y vivre honnêtement. Voilà ce qui est capital, indispensable ; le reste n'est que contingent. Plus tard nous ne serons pas appréciés selon la longueur du chemin que nous aurons fait, mais selon la manière dont nous l'aurons parcouru. D'accord, me répondra-t-on, mais du moins cette faveur purement originelle n'est pas humainement fondée ! Dans les cas exceptionnels, non ; mais dans la généralité, si ; car il y

a des qualités comme des vices héréditaires chez les individus
et même dans les nations: autrement comment expliquer le
caractère traditionnel des nationalités, des races? Un père ne
donne pas simplement la vie à son enfant; il lui donne aussi
la base, sinon les détails de sa constitution physique et morale. Ceux qui seraient tentés de nier la transmission dans le
dernier sens, croiront sans peine à l'hérédité des infirmités, et
comment alors démontreront ils la séparation dans l'enfant
de ce qui est essentiellement amalgamé dans son auteur? Ils
y parviendraient qu'alors même ils n'auraient gagné qu'une
victoire imparfaite ; car comment nieront-ils, sous le toit
commun, l'influence des exemples, des préceptes paternels,
de l'éducation de famille? Ce serait aussi fort que de nier sur
notre existence physique l'influence de l'air que nous res-
pirons.

Voilà, Monsieur, quelques exemples entre mille, de dispositions très-sages, très-légitimes dans l'ensemble de l'organisation sociale et contre lesquelles il est cependant facile et
habituel en nos jours de rébellion insensée, d'exciter les
masses ignorantes et incapables de généralisation, et voilà
pourquoi je ne suis pas pour la seconde partie de l'axiôme
politique : *tout pour le peuple, tout par le peuple ;* la flagor-
nerie m'en paraît si évidente, que je suis tenté de ne voir à y tenir
que ceux qui ont le désir de tromper ce peuple à leur profit,
et qui savent qu'ils auront bien plus vite et plus aisément
raison de sa masse que d'un choix de gens éclairés triés dans
son sein (1). C'est précisément parce que je veux que tout soit

(1) Je sais bien qu'un journal monarchique a pris cet axiôme pour
épigraphe ; mais évidemment, c'est dans un sens restreint, dans le sens
des ratifications fondamentales seulement, et non dans celui d'une pratique journalière du gouvernement.

pour le peuple, que je ne veux pas que tout soit par lui ; je ne veux par lui que ce à quoi il est manifestement apte ; n'est-ce pas la limite évidemment loyale et sage ? Il n'est pas encore à toute la hauteur de sa mission, dit-on, mais on espère l'y voir arriver sous peu, au moyen de l'enseignement démocratique. Cette prétention est tout à la fois pernicieuse et extravagante ; pernicieuse, parce que l'enseignement dit démocratique est inique et immoral ; extravagante, parce que le génie ou seulement le talent ne sera jamais une chose banale ; il sera toujours en minorité dans la nation, dans l'humanité, et en minorité d'autant plus restreinte qu'il le fraudra plus vaste et plus transcendant selon les situations. Ceci est par trop clair, et un autre fait qui l'est tout aussi surabondamment, c'est que la capacité supérieure aura toujours une influence très-grande sur la capacité inférieure, une influence décisive sur l'incapacité. La question est donc à moraliser cette influence et non à la nier ou à chercher à la remplacer.

Et puis, l'éducation d'un peuple ne se transforme pas, n'avance pas d'un jour à l'autre au moyen de quelques déclamations passionnées : c'est l'œuvre de nombreuses années, de siècles même en temps ordinaire, et pour que le résultat soit salutaire et durable, faut-il encore qu'on sème le grain du progrès intellectuel dans un terrain préparé par une saine morale ; sans cela on ne récolte que de l'ivraie. Je n'hésite donc pas à dire que les enseignements des clubs, où on assemble la multitude pour l'émouvoir plutôt que pour l'instruire, où on lui parle sans cesse de ses droits spoliés et de l'urgence de les reconquérir, où l'on gonfle ses passions sans élargir ses vues, sont détestables.

Alors même que leurs prédications seraient aussi conciliantes qu'elles sont en général exclusives et provocatrices,

les inconvénients n'en seraient qu'amoindris; ils subsiste-
raient toujours essentiellement; car la vie d'émotions et
d'occupations spéculatives ne convient point à celui qui a
besoin de travailler matériellement; et pour apprécier
sûrement l'effet de ces habitudes sur lui-même, l'ouvrier
n'aurait qu'à se demander si, en sortant de ces réunions où
l'on a exalté sa force et ses espérances, il est aussi bien disposé, aussi résigné qu'auparavant à reprendre son humble
et rude besogne de chaque jour. Non, il ne l'est pas, et son
caractère ou s'en aigrit ou s'en énerve; deux résultats également funestes pour son bien-être et sa moralité, pour son
intelligence même; car les propensions contemplatives, qui
permettent aux fortes intelligences de produire les œuvres
les plus profondes et les plus utiles, aux belles imaginations
les œuvres les plus sublimes et les plus attrayantes, ne mènent qu'à la fainéantise et à l'abrutissement chez le vulgaire;
et quant à moi je ne trouve rien de plus niais que ces lamentations sentimentales de M. L. Blanc sur le sort des
ouvriers qui ne peuvent, dit-il, se reposer *qu'après avoir
passé l'âge des fleurs et du soleil*; ou sur celui des prison-
niers, parce qu'ils sont privés *du spectacle des vastes cieux,
des bruits de la terre et des harmonies de la nature* (pages 59
et 56).

Il faut que l'ouvrier n'emploie d'abord son instruction
qu'à saturer, pour ainsi dire, sa situation effective de lumière et de sagesse avant de chercher à s'élancer dans des
sphères plus vastes, dont l'investigation complète dépassera
sa portée et qu'il remplira de la bouffissure de sa présomption quand il ne pourra le faire des dimensions réelles de
son intelligence. Si après cette saturation salutaire son génie
naturel le pousse à des recherches plus amples, il faut qu'à

chaque tentative il n'embrasse d'espace que ce qu'il peut parfaitement analyser et explorer, qu'il n'avance d'un pas nouveau qu'après avoir bien assuré l'antérieur, qu'il ne perde point de vue sa base de départ, et qu'il ne se détache jamais du chemin qui pourrait l'y reconduire. Les acquisitions ainsi faites sont plus lentes, mais elles sont bien plus réelles, bien plus solides et surtout sans lacune ; ce qui est le défaut capital de tous les systèmes modernes

Les politiques de clubs les plus sages se vantent de n'y enseigner à l'ouvrier que *son droit strict ;* eh bien ! si c'est là sincèrement leur unique but, ils seront peinés d'apprendre qu'ils le dépassent forcément, quoi qu'ils en aient dans les intentions ; car on arrive nécessairement à un sentiment exagéré de ce dont on est sans cesse occupé et entretenu : la plus juste mesure du droit de chacun, veut-on savoir où elle se trouve? dans son jugement et sa conscience libres de toute excitation artificielle. La propension naturelle de l'homme est plutôt de se refuser que de se livrer à l'absorption de son semblable, et dans l'état de liberté il ne se met dans la dépendance d'autrui qu'autant précisément que cela lui est salutaire, profitable, et que cela par conséquent est motivé; en surexcitant chez lui cette propension, on lui fait donc dépasser presque aussitôt l'état de suffisante indépendance et on le pousse dans la rébellion. Dieu a bien fait ce qu'il a fait à tous les degrés, et les hommes devraient avoir la sagesse et la modestie de se borner à maintenir constamment son œuvre dégagée d'entraves, au lieu de prétendre follement à la modifier dans son essence même.

D'après ce que je viens de dire, vous voyez, Monsieur, que, pour moi, toute la question de l'époque, du siècle actuel peut-être, est dans l'antagonisme des conservateurs des

bonnes acquisitions sociales et des désorganisateurs, des
amb'tieux impatients qui, au lieu de se résigner à ménager lentement de meilleures positions pour eux ou
leurs descendants par les moyens honnêtes et réguliers,
préfèrent tenter d'envahir tout-à-coup les premières pla·es
de haute lutte; est dans l'antagonisme du principe monarchique et du principe républicain. Voilà la question creusée
jusqu'au tuff, selon une de vos significatives expressions. Il
n'y a pas, il ne peut y avoir de pactisation réelle, sincère
entre ces deux principes qui sont, l'un par rapport à l'autre,
comme l'antidote est au poison; et c'est en vain que, dans
les termes, on fait de la fusion, c'est en vain qu'on s'intitule
républicain modéré, sage, en opposition avec le républicain
ardent; dans le fait, le premier n'est qu'un monarchiste
honteux ou un désorganisateur timide, suivant ses intentions intimes; et j'avoue que je n'aime pas ces définitions
équivoques qui endorment l'opinion et perpétuent le danger
en le déguisant à ceux qui autrement le combattraient une
fois pour toutes à outrance. En effet, qu'entend-on par de
la modération, dans le sens républicain? Est-ce de la modération à procéder à l'œuvre inique d'envahissement et de
démolition des populaires? Ou est-ce de la modération dans
l'immixtion du mal républicain avec le bien monarchique?
Dans le premier cas, c'est de la perfidie; dans le second, une
condescendance coupable; dans les deux, une dissimulation
indigne d'un peuple et de ceux qui le guident

 Ce qui achève de me révolter dans ce jeu de tromperie
dont la nation paiera longtemps les frais, c'est que la franchise et le courage soient du côté des mauvais. Les Prudho-
nistes, les Rollinistes, les Blanquistes, ne se cachent pas, et,
tandis que ces apôtres de ruine osent déploye· aux yeux de

tous leu. drapeau et y in crire leur devise, les conservateurs
des éternels principes de moralité, d'ordre, de juste liberté,
les conservateurs des traditions et des acquisitions glorieuses,
qui devraient être fiers en toutes circonstances de confesser
leur foi, la foi du salut de l'humanité et de la civilisation,
prennent peur, s'amoindrissent pour se réduire d'eux-mêmes
aux proportions de leurs adversaires et poussent l'indigne
humilité de leurs frayeurs jusqu'à mendier un abri pour
leur noble bannière sous les couleurs ennemies !

Que devait-il nécessairement arriver de là? ce que nous
venons de voir s'accomplir ; c'est que la nation, qui a un
besoin irrésistible de stabilité, est rentrée par la fausse
porte dans la monarchie dont ses timides chefs n'ont pas osé
lui rouvrir à deux battants la grande ; c'est qu'à défaut du ti-
tulaire, qui est resté humblement derrière la toile, elle a pris
le suppléant qui, du moins, s'est présenté hardiment en scène;
c'est qu'elle a été obligée de poser un candidat en antagonisme avec celui d'une chambre qui ne s'inspirait plus d'elle
et qui s'en était détachée pour s'accrocher à une personnalité
et non à un principe. Les gouverneurs de l'opinion auront
devant la postérité et devant leur conscience, la lourde responsabilité des révolutions que prépare à la trop malheureuse
France ce replâtrage monarchique, qui sera rongé et périra
au bout de plus ou moins de temps du vice de son origine.

Ce qui fait aujourd'hui la force de nos adversaires, c'est
que nous n'osons nous compter ni les compter ouvertement;
c'est que nous n'osons pas nous nommer respectivement par
notre nom véritable; si nous avions ce courage, qui deviendrait si facile et si peu méritoire lorsque tous s'y détermineraient, nous demeurerions stupéfiés de l'exiguïté du fantôme
dont notre pusillanimité fait un colosse avec lequel nous

pactisons si indignement. C'est la nation elle-même qui a été indécise, s'écrient les chefs. Elle a été indécise, oui ! mais elle a été disciplinée plus encore, et voilà la manifestation de toute la sagesse qu'il y a encore en elle après tant de tribulations. Elle a voulu avoir, jusqu'au bout, confiance en vous qu'elle avait choisis pour ses sentinelles avancées, et c'est pour cela qu'en dépit de son impatience et de son désir d'agir par sa propre inspiration, elle a attendu si longtemps votre mot d'ordre, et vous n'avez pas osé le donner ; une nation entière, la première nation du monde était là pour vous appuyer et vous porter sur ses robustes bras à l'immortalité, et vous avez hésité ! vous avez préféré la prolongation de ses perplexités et de ses misères. Oh ! oui certes ! il vous a manqué ou la conscience, ou la capacité de votre magnifique mission.

Mais pourquoi, me dira-t-on, admettez-vous que l'opinion intime de la nation soit en faveur de la monarchie ? Pour une raison très-simple, si simple qu'en vérité je ne sais comment elle n'est pas à la portée de tout le monde : c'est parce que, pour des droits, des possessions, des libertés héréditaires, elle sent qu'il faut une garantie héréditaire aussi ; c'est parce qu'elle n'entend pas que tous les mois, tous les ans, tous les quatre ans même, on revienne mettre en discussion l'organisation sociale, en suspicion tous les résultats acquis et en inquiétude l'avenir ; c'est parce qu'elle n'entend pas d'avantage qu'à chaque génération on recommence la société, comme l'exigerait le système égalitaire, c'est, en un mot, parce qu'il lui est évident que pour des fins persistantes, il faut des institutions persistantes.

L'Amalgame hétérogène d'aujourd'hui n'est pas une solution ; c'est le mélange confus qui se forme toujours momentanément au point de rencontre de deux courants contraires, jusqu'à ce que l'un ait décidément refoulé l'autre. Le courant dissolvant Républicain était contre balancé depuis Juin par l'opposition du courant reconstituant, c'est-à-dire monarchique; dans l'élection présidentielle, celui-ci vient de l'emporter sur l'autre définitivement et, désormais, il faut qu'il fournisse toute sa carrière. De même que le but du Républicanisme, si jamais on avait pu y atteindre, eût été nécessairement au communisme le plus net, de même le but du flot qui nous entraîne sera à la monarchie héréditaire. C'est la loi rigoureuse; aucun fleuve ne s'arrête à moitié de son cours et ainsi, une fois le mouvement imprimé aux opinions et aux espérances dans le sens d'un principe, les évènements successifs ne sont que les traductions en faits de la série de ses conséquences logiques jusqu'à l'effet final. Quoi de plus sage et de plus naturel du reste que de ne pas vouloir en rester à des demi-garanties, à des demi-conditions de stabilité pour les acquisitions et les droits sociaux légitimes?

Les monarchies, m'objectera-t-on, les monarchies elles-mêmes tombent. Il n'est que trop vrai, mais ce n'est pas contre elles, c'est contre les révolutions qui les renversent que cela prouve. En somme, que font celles-ci? elles détruisent les formes extérieures, elles changent les personnalités; mais, dès que l'on s'est rendu maître de l'anarchie, le même esprit, l'esprit de reconstitution et de conservation, c'est-à-dire, sciemment ou non, l'esprit monarchique rentre dans les idées et les actes, par la seule réaction irrésistible des instincts préservateurs de la société, contre lesquels heureusement ne prévaudra jamais en définitive aucune fureur révolutionnaire.

On commet généralement chez nous l'erreur de croire que la monarchie n'est le gouvernement que de la super-

fétation sociale renversée en 89, et qu'elle ne serait désormais qu'un anachronisme ; tandis que c'est surtout de
l'organisation naturelle de la société qu'elle est la terminaison convenable ; en la voyant tomber avec le mauvais
système qu'elle couronnait, on a pu s'y tromper et penser
qu'elle faisait nécessairement corps avec lui ; mais il n'en est
rien, et nous payons rudement depuis 60 ans le tort de cette
confusion. Voilà, selon moi, où gît le mal entendu de l'époque actuelle ; quand il aura cessé on verra que la monarchie
dans toute sa pureté, et avec la complète liberté qu'elle seule
peut garantir à tous, qu'elle seule peut supporter, est le type
inaltérable du bon gouvernement d'une grande nation , et
tous les partis honnêtes s'accorderont à regarder comme de
mauvais citoyens ceux qui désireront, comme des ennemis
publics, ceux qui tenteront sa ruine.

C'est le seul gouvernement vraiment populaire ; car le
désir ni l'intérêt de la masse du peuple ne sont de rabaisser
jusqu'à lui les sommités sociales ; mais bien de pouvoir s'é-
lever à leur niveau par l'ordre, la patience, le mérite, et la
monarchie seule leur en peut donner et garantir la faculté.
par exemple, l'amélioration du sort des classes ouvrières est
la plus grosse question de notre époque, celle qui la maîtri-
se désastreusement ; eh ! bien, je n'hésite pas à prédire que
ce n'est que dans l'édifice Monarchique qu'on la résoudra.
Tant que le système électif laissera craindre le triomphe des
sectaires qui agitent et exploitent à leur profit personnel les
ouvriers, tous les efforts nationaux tendront uniquement à
les contenir ; mais dès que la restauration et le raffermissement du principe héréditaire par les suffrages et l'inébranlable résolution de tous les gens éclairés ou désabusés, auront
définitivement déjoué les calculs de ces ambitions perverses,

l'activité intellectuelle de nos hommes capables pourra se diriger vers la recherche des moyens d'alléger pour le bien de tous, les souffrances si extrêmes de nos travailleurs; de donner satisfaction à leurs besoins légitimes, de garantir la stabilité de leur bien être, une fois qu'ils l'auraient obtenu, et de les faire participer équitablement à la marche progressive de toute la société; et le gouvernement de son côté aussi, pourra s'adonner principalement alors à l'application de ces moyens proposés. Voilà le sens de la devise de cette deuxième édition, *l'hérédité c'est le salut du peuple.* Je ne vais pas jusqu'à dire: hors de là pas de salut même provisoire, cette idée serait trop affreuse, mais je dis, avec pleine conviction, hors de là pas de salut permanent, pas de solution définitive.

Vous excuserez, j'en suis sûr, Monsieur, l'amertume des reproches que le spectacle des maux présents et la perspective des calamités futures de mon pays me font adresser ici à ses chefs; vous comprenez trop bien par vous-même pour ne pas le faire, les douleurs d'un vrai patriotisme déçu; et quand je parle de personnes pactisant avec leurs adversaires par intimidation, vous savez bien qu'il ne saurait être question de vous, qui êtes le plus beau modèle que je connaisse de courage, de désintéressement et de probité politiques. Notre but est le même; c'est de chercher les progrès et les gloires de notre pays, dans le respect inaltérable de l'ordre, de la liberté et de tous les droits acquis; mais notre point d'appui diffère; moi je le prends sur la partie éclairée, assise et impartiale de la nation; vous, vous le prenez sur la démocratie active, c'est-à-dire sur l'élément de sa nature le plus remuant, le plus impatient, le plus envahisseur qu'il y ait, et sur lequel, par conséquent, l'on ne saurait selon moi, rien fonder de solide ni de stable; c'est l'honneur le plus grand mais aussi

le plus immérité qu'on puisse faire à la démocratie militante,
que de penser qu'elle veuille se poser elle-même un frein ,
se régler à elle-même sa part dans l'État selon l'équité et la
justice distributive ; elle ne peut pas le vouloir, car ce serait
vouloir sa propre mort; puisqu'elle n'a sa raison d'être
comme parti politique que par son système de spoliation
et de révolution sans fin, et ne recrute ses soldats que chez
les besogneux par l'appât des ressources rapides et violentes.
Vous avez bien vu ces dispositions dans l'échec d'un des plus
forts et plus magnifiques discours que vous ayez prononcés
sur l'établissement de deux chambres, et un esprit comme
le vôtre ne saurait tarder à être désabusé tout à fait.

Vous avez pensé jusqu'ici que l'institution monarchique
était utile, mais non indispensable ; vous pouvez juger aujourd'hui de sa puissance intime par le bouleversement qu'a
causé le déracinement, en février, de celle qui paraissait avoir
le moins pénétré dans le sol de la nation, et de sa nécessité,
par le trouble et par les malheurs toujours croissants de la
France, depuis qu'elle n'y est plus.

Pour résumer cette trop longue lettre, je dis, Monsieur,
que depuis la destruction , au moins en principe, de tous
les obstacles artificiels et conventionnels au déploiement des
facultés de chaque individu, depuis 89, il n'y a plus de raison
ni, par conséquent, d'excuse à de nouvelles révolutions ; je
dis qu'en se perpétuant dans les mêmes dispositions de renversement, les révolutionnaires ne trouvant plus sous leur
acharnement le simulacre social qui existait alors, s'en pre-
nent au monument véritable, ce qui est une effroyable cala-
mité ; je dis que dans leur fougue, ils ont, dès les premiers
temps, dépassé le but, et que dès lors il y a eu plutôt à réparer
les mauvaises brèches qu'ils ont faites au bon édifice , qu'à

leur donner la main pour les élargir encore ; je dis que pour
apercevoir le vrai type, ce n'est pas en avant, c'est en arrière
que nous devons jeter les yeux, et je trouve des partisans
bien inattendus de cette opinion, quand même ce ne serait
que dans l'ouvrage où je lis ceci : « Le droit considéré d'une
manière abstraite, est le mirage qui, depuis 1789, tient le
peuple abusé. Le droit est la protection métaphysique et
morte qui a remplacé, pour le peuple, la protection vivante
qu'on lui devait. Le droit pompeusement et stérilement proclamé dans les chartes, n'a servi qu'à masquer ce que l'inau-
guration d'un régime d'individualisme avait d'injuste, et ce
que l'abandon du pauvre avait de barbare ; c'est parce qu'on
a défini la liberté par le mot *droit* qu'on en est venu à ap
peler hommes libres des hommes esclaves de la faim, esclaves
du froid, esclaves de l'ignorance, esclaves du hasard : disons-
le une fois pour toutes, la liberté consiste, non pas seulement
dans le *droit* accordé, mais dans le pouvoir donné à l'homme
d'exercer, de développer ses facultés sous l'empire de la justice et sous la sauvegarde de la loi..... Tel est souvent le caractère des révolutions, qu'elles emportent avec l'ivraie le
bon grain qu'il a plu à Dieu d'y mêler ; celle de 89 ne fit pas
autrement : de même qu'en abolissant les jurandes et les
maîtrises, elle frappait d'un seul coup le monopole et l'association, de même en renversant tous les vieux pouvoirs,
elle détruisit sans distinction et ce qu'ils avaient de tyrannique et ce qu'ils avaient de protecteur..... Et comment n'y
aurait-il pas eu encombrement dans toutes les sphères de
l'activité humaine, lorsque l'individualisme proclamé sous
le nom de liberté, venait pousser à tous les excès d'une
compétition universelle ? » Ces lignes, conformes presque
littéralement à ce que j'ai dit dans la première partie de mon

ouvrage, ne sont pas d'un légitimiste, d'un aristocrate, d'un arriéré, elles sont de M. L. Blanc, dans son livre de l'*Organisation du travail*, pages 19, 227 et 228.

Monsieur, si je n'avais considéré que l'effet de mon livre en lui-même, je ne l'eusse pas publié. Je n'ai ni le talent, ni la célébrité, ni la position nécessaires pour donner par moi-même à mes doctrines l'influence qu'elles méritent, et pour arrêter le char de la nation lancé si violemment hors des voies sûres; mais je croyais, je l'avoue, qu'il stimulerait les personnes qui jouissent de ces avantages dont je manque; je me suis trompé, et je vois que mon pays, par faute de courage ou de sureté d'opinion dans ses chefs est désormais condamné à être malheureux et agité pour longtemps. Quand dégoûté de variations, d'incertitudes infinies et épuisé d'épreuves de toutes sortes, il voudra délibérément rentrer dans toutes les conditions d'une bonne stabilité, alors peut-être mon livre lui sera-t-il quelque peu profitable.

En attendant, je dépose une plume que je manie trop imparfaitement, et dont l'impression produite sur moi par des calamités inonïes, a pu seule me déterminer à me servir; je la dépose avec la satisfaction bien incomplète, puisqu'elle est stérile, d'un devoir civique loyalement rempli, avec de désolantes prévisions dans l'esprit, et avec un vœu bien ardent et bien sincère dans l'intention: c'est que ceux plus capables qui la prendront après moi dans ces longs jours de deuil et de misères, imitent ma franchise et dépassent mon succès.

Quant à moi, en me servant de la belle image d'un éminent orateur, je dirai pour finir, que mes convictions m'ont fait placer le navire de mes espérances politiques sur le haut promontoire des vérités éternelles, bien au-dessus du niveau actuel des flots populaires ; ma conscience et mon caractère me défendront de l'abaisser jamais : mais je croirai ne pouvoir me réjouir en mon âme pour le sort de mon pays, que lorsque la mer de l'opinion publique sera venue d'elle-même l'y atteindre.

(1) Je m'abstiendrai désormais, d'autant plus volontiers que le ministère qui vient de se former, renferme des hommes auxquels je suis infiniment reconnaissant pour la bienveillance dont ils m'honorent et de qui, d'ailleurs, j'apprécie hautement le mérite et respecte profondément le caractère. La France doit se regarder comme heureuse au milieu de se calamités d'avoir trouvé, en son sein, une pareille réunion pour lui faire traverser l'époque transitoire dans laquelle elle entre, et il y aurait, à mes yeux, un véritable crime de lèze-nation à contrecarrer systématiquement l'œuvre d'un patriotisme si désintéressé. De tels personnages seraient incontestablement très-dignes de présider à la situation définitive de la nation ; mais ils ne sauraient imprimer cette fixité à la phase de transition qu'ils sont appelés à diriger. L'impulsion logique est plus forte qu'eux, plus forte que qui que ce soit ; il faut que l'évolution soit complète, il n'y a pas de Josué en politique. Pris en détail, les faits sociaux paraissent fortuits, incohérents, déréglés ; pris en masse et dans de vastes limites on découvre les lois mathématiques de leur production, lois auxquelles obéit rigoureusement l'humanité à travers le temps et dont les hommes ne sont que les aveugles instruments, alors qu'ils imaginent, en leur présomption, avoir sur les événements une initiative déterminante. Ce que j'admire le plus en politique, disait Napoléon, c'est l'impuissance de la force à fonder quelque chose. Il avait raison, cette faculté n'est donnée qu'aux principes éternels.

Janvier, 1849.

FIN.